# 人生もお金もひとつの会社にゆだねている人に取り返しがつかなくなる前に読んでほしい複業の教科書

西村創一朗

Discover
ディスカヴァー

一つでも当てはまれば
きっと役に立ちます

長く働くイメージがわかない

仕事ばかりの毎日がつまらない

自分の強みを見つけたい！

転職するのは怖い

起業するのはもっと怖い

今の会社の将来が不安……

# はじめに　あなたの人生を取り戻す「複業」という選択

## 「あなたは、自分の仕事に熱意をもっていますか？」

この質問に、「はい」と自信をもって答えられた人は少ないのではないでしょうか。

でもそれは、決してあなただけの問題ではありません。

米ギャラップ社の調査では、日本は「『熱意あふれる社員』の割合がわずか６％」で、「１３９カ国中１３２位と最下位クラス」でした。


先行きが不透明な時代。

今の会社で、この仕事だけやっていて、大丈夫なのか？

そんな、将来に対する漠然とした不安は常につきまといます。

でも、転職や起業は怖い。
だから、多くの人はこう思っているのです。

**本当は不安だけど、何もしない。**
**今の会社でこのまま働いていても、そのうち何とかなるだろう。**

そう思い込むことで、毎日の仕事に向き合おうとしていきます。
そして、やる気も熱意もない仕事に、一度しかない人生の大半を捧げてしまう人がほとんどです。

しかし、これからは違います。
現在の会社で収入を保ち、仕事のスキルを磨きながら、別の場所で自分の人生をかける「やりがい」を探す。

**「複業」という第3の道が生まれています。**

僕たちが考えなくてはいけないのは、どうすれば人生を充実させることができるのか、未来に希望を抱くことができるのか、ということです。

**そのためには、熱意を注げる仕事に出会い、好きなことで稼ぐ力をつけることが必要です。**

これは何も、ブラック企業に勤めて、毎日会社を辞めたいと思っている人に限った話ではありません。

僕のもとにキャリア相談に足を運んでくださる方には、就活のときに勝ち組と言われ、将来安泰と言われるような大手企業や、公務員の方が大半です。

また、20～30代の方だけではなく、実は、50代の人も多いのです。

定年を前に、「このままだと、家でテレビをながめるだけの余生」になってしまうと危機感をいだいている方たちも、稼ぐ力を求めています。

さらに国や大企業側もいま、副業を推し進めようとしています。

2018年、厚生労働省が示したモデル就業規則では、それまで掲載されていた「他の会社等の業務に従事してはいけない」という項目が削除され、「他の会社等の業務に従事することができる」という項目が追加されました。

**つまり、副業「禁止」が、「可能」へと、180度の方針転換が発表されたのです。**

そして、ロート製薬を皮切りに、ソフトバンク、日産、丸紅、さらには神戸市という自治体までもが、副業解禁を発表しています。

2018年は副業解禁元年と言われました。

副業解禁の波はどんどん広がっています。

この流れに乗り遅れると、ひとつの会社になんとなく身をまかせたまま人生が終わってしまいます。

いまこそ、あなたが「熱意をもてる仕事」を見つけるときなのです。

その時必要なのは、お金だけを目的とした「副業」ではありません。

本業ではできないことへチャレンジし、本業と共に成長していくこと。

それがこの本で僕が提案する「複業」なのです。

**会社にゆだねていた人生を、自分の手に取り戻す。**

もしあなたの勤める会社が副業禁止だったとしても、できることはあります。

あなたの人生が手遅れになってしまわないように、「複業」のはじめ方を、これから紹介していきます。

# 目次

## 第2章 あなたの人生を取り戻す「複業」という選択

## 第6章 複業を成功させる五カ条



## 第7章 複業でぶつかる壁を突破する！――Q&A

# 第1章

# 一つの会社では生き残れない時代の到来

# 一つの会社、一つの仕事だけでいい時代は終わった

「複数の会社から給料をもらいたいと思いますか？」

こんな質問をされると、ちょっと考えたあとに、ほとんどの人が「はい」と答えると思います。

もっとお金が欲しい。

それは、だれもが当たり前に思うことです。

今までは、一つの会社で真面目に働きさえすれば、いつかそれなりの給料をもらうことができる、というのが当たり前でした。

あるいは、今の会社に不満があるなら、もっと条件のいい会社に転職すればよかっ

たのです。

しかし、今は同じ会社でそのまま働き続けても、あるいは転職や起業をしても、給料が上がるのか不透明な時代になりました。

そこで、本業を続けたままお小遣い稼ぎができる副業、あるいは新しく稼ぐ力を身につける「複業」（副業と複業の違いについては2章で詳しく解説します）が注目され始めています。

**そして、まさに今、企業も政府も「副業解禁」へと大きく舵を切ろうとしています。**

## 2016年の「ロートショック」で副業解禁が加速

かつて日本企業のほとんどが、従業員の働き方のルールを定める「就業規則」の中で、「副業禁止」を明記していました。

働く側の個人も、「就職したら、その会社に尽くすのが仁義というものでしょう?」

という価値観を長らく共有してきました。

この本を読んでいる皆さんの親世代には「定年まで一つの会社で働き続けてきた」という方が多いのではないでしょうか。

一社一生。そんな価値観が世の中全体でよしとされてきたわけです。

ところが。

ここ数年、ネットニュースや新聞で、「副業解禁」の見出しを頻繁に見かけるようになりました。

比較的早くから導入していたのは、サイボウズやヤフー、ソフトバンクといったIT系の企業。

特にサイボウズの青野慶久社長は、複業によって社員一人ひとりが豊かなインプットを得られる利点や、柔軟な働き方によって優秀な人材を集められる成長戦略としての利点を自社メディア「サイボウズ式」や、SNSなどで積極的に発信し、世論を盛り上げてきました。

しかし、この段階ではまだ「副業解禁なんて、一部のIT系の企業だけの話でしょ」という冷ややかな目線を送る人が多数派でした。

**風向きが大きく変わったのが、２０１６年６月。東証一部に上場している製薬会社大手のロート製薬が「副業解禁」を発表したのです。**

ええ?! あのロート製薬までが?

それまで副業解禁を「対岸の火事」と遠目から見ていた企業はざわつき始めました。

その後、業種をどんどん広げる形で、副業解禁を発表する企業は続き、ついに国家公務員の副業を認める方針を検討していることが２０１８年６月に明らかになりました。

## 大手企業や公務員も副業解禁をすすめる理由とは?

しかも、副業解禁を発表した企業から聞こえてくるのは、「新卒・中途ともに、採用マーケットでの人気が高まった」「離職率がかえって下がった」「社員のモチベーションが高まった」といった、ポジティブな声のほうが大きい。

向こう岸で何やら赤々と燃えていたのは火事ではなく、〝お祭り騒ぎ〟だったことに、多くの企業経営者が気づき始めました。

現在、副業を容認している企業は、大企業の一例を挙げるだけでも、21ページの表のように、こんなに広がっています。

全体数としての増加もデータを見れば明らかです。

2015年の調査では「副業を推進していないが容認している」[*1]と答えた企業の割合は14・7%だったのに対し、3年後の2018年に「副業を推進している」「副業を容認している」と答えた企業の割合は28・8%に。[*2]

わずか3年で約2倍に増えているというのは、急速な変化が起きている証拠です。

## 正社員の88%が副業に「興味あり」と答えている

また、個人側の動向においても、副業が〝自分ごと〟になる人は増えています。

**ランサーズの調査によると、2018年時点で副業従事者の数は744万人に。3年前の533万人から4割増という急増です。**[*3]経済規模で見ても、2・8兆円から7・8兆円と、なんと約3倍にまで伸びています。

さらに、エン・ジャパンが20～40代の正社員3000人以上にアンケートをとった

## 副業解禁を発表している主な大企業

| | |
|---|---|
| IT系 | ソフトバンク、サイボウズ、ヤフー、サイバーエージェント、ディー・エヌ・エー、NTTデータ、NTTドコモ |
| ヘルスケア | ロート製薬、ユニ・チャーム |
| 電機 | コニカミノルタ、レノボ・ジャパン、キヤノン、沖電気工業、デンソー |
| 食品 | アサヒグループホールディングス、オイシックス・ラ・大地 |
| 商社 | 丸紅 |
| 金融 | 新生銀行、カブドットコム証券 |
| 自動車 | 日産自動車 |
| コンサルティング | アクセンチュア |
| サービス | リクルートホールディングス、エイチ・アイ・エス |
| 不動産 | JR東日本都市開発 |

（2018年11月現在、著者調べ）

ところ、なんと88％の人が副業に「興味あり」と答えたのです。[*4]

まさに「複業（副業）が当たり前になる時代」はすぐそこまで来ている。そう言って過言ではないでしょう。

それでも、「そんなに劇的には変わらないでしょう？」と首を傾げる人がいたら、僕は「クールビズの時を思い出してみてください」と伝えています。

2005年夏、当時の環境大臣だった小池百合子さんの旗振りで始まった、社会的大キャンペーン「クールビズ」は、「夏場はシャツにノーネクタイで涼しく快適に仕事をしましょう」という、今や多くの企業で当たり前の職場習慣を日本中に浸透させました。

逆に、それまでは、「どんなに暑くてもスーツのジャケットを着る」というのがサラリーマンの常識だったのだと考えると、不思議な気持ちになりますよね。

**たとえ180度転換であったとしても、誰もが納得できる合理的選択であれば、あっという間に広がって、皆にとっての〝新しい当たり前〟になる。**

この事実は、すでに日本社会に暮らす全員が目撃し、体験してきたことなのです。

（出典注釈）

＊1　中小企業庁「平成26年度兼業・副業に係る取組み実態調査報告書」p13

＊2　株式会社リクルートキャリア「兼業・副業に対する企業の意識調査（２０１８）」

＊3　ランサーズ株式会社「フリーランス実態調査２０１８」

＊4　エン・ジャパン「正社員３０００名に聞く「副業」実態調査」

## 2018年、政府の方針も副業「禁止」から「解禁」へ

そして、副業における〝常識〟もまた、180度変わる決定的転機をついに迎えました。

「モデル就業規則」の改革です。

モデル就業規則とは、政府が示す〝就業規則のひな型〟のようなもの。

就業規則をどのように定めるかは、それぞれの企業の判断にゆだねられますが、「今の世の中においては、こういう就業規則がベーシックな内容になりますよ」というモデルを政府が作り、公開しているのです。

そのモデル就業規則における副業に関する規定が、2018年1月に画期的変更となったのです。

どのように変更されたのかというと……。

**旧「許可なく、他社の業務に従事しないこと」**
↓
**新「勤務時間外に、他社の業務に従事できる」**

「従事しない」から「従事できる」へ！

まさに180度の大転換ですよね。つまり、政府としても「複業（副業）推し」であるということ。

日本の企業社会はよくも悪くも横並び重視の文化です。「他の企業もやり始めた」という雰囲気がちらほら増えると、オセロの盤があっという間に黒から白に変わるように、加速度的に同調が広がっていきます。

今後さらに副業解禁を決断する企業が増えることは間違いないでしょう。

# 会社のために働いても、会社が労働者の人生を守れなくなった

では、なぜ政府も企業も、「副業解禁」へ乗り出そうとしているのか？
その背景には、「日本の産業構造の変化」、それに伴う「最適な働き方の変化」が挙げられます。

まず、産業構造の変化について。
日本の現在の繁栄と平和を支えた高度経済成長期には、自動車や家電を中心とした製造業が経済を回す中心となり、その産業の生産ペースに合う雇用形態が重視されてきました。

世界に勝つために、工場はフル稼働で生産し、日夜を問わず仕事に励む。長時間労

「御恩」と「奉公」に支えられた
高度経済成長

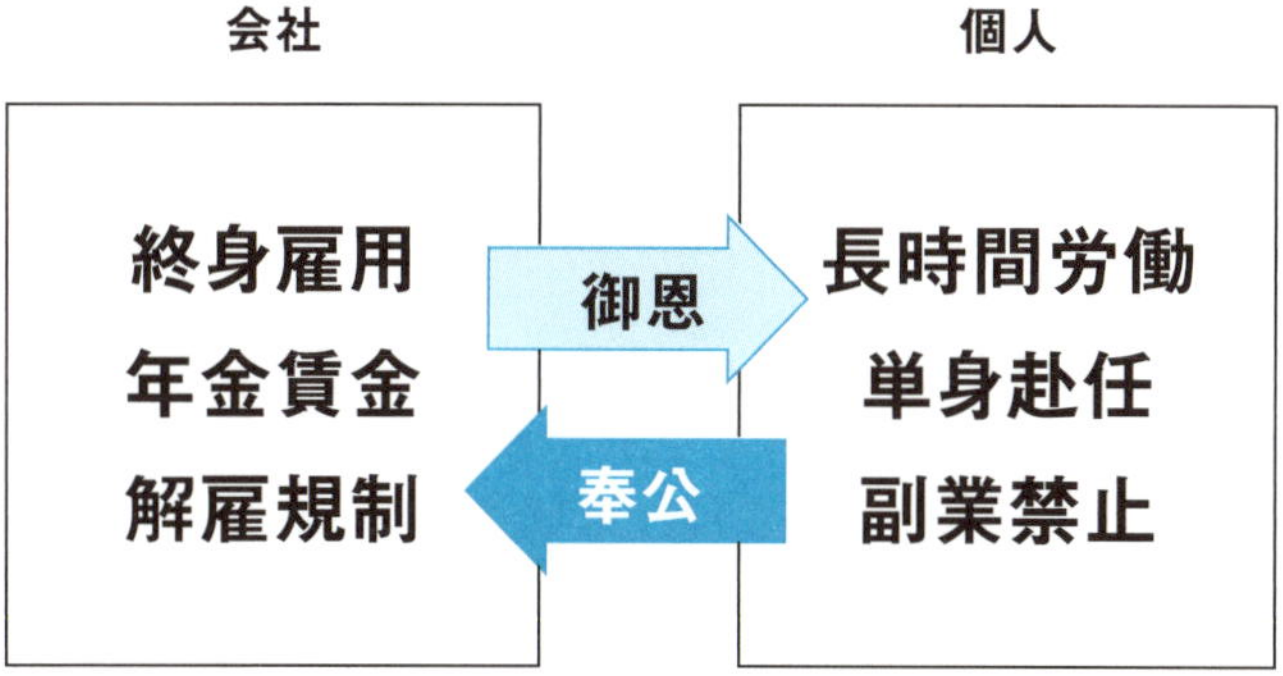

働、単身赴任、そして副業禁止という従業員の献身によって、企業は事業を成り立たせてきました。

個人はその要請に応えるべく、家事や育児は家庭で女性が引き受ける〝家庭内役割分担〟により、「24時間働けるスーパー労働者」を仕立てて送り出しました。

**この個人の貢献に対し、企業は「終身雇用」「年功賃金」「解雇規制」というご褒美で報うことを約束し、両者は固い絆で結ばれてきたのです。**

いわば、20世紀型の〝御恩と奉公〟。

この構造に支えられ、日本は世界が驚く急成長を遂げ、「ジャパン・アズ・ナンバーワン」と言われるほどまでになったのです（実際、このタイトルの本がアメリカで出版され、ベストセラーになりました）。

個人は、「一生あなたを守ります」という企業の御恩を信じられたからこそ、「あなたのために尽くします」と忠誠を誓い、「副業禁止」や長時間労働は自然に受け入れられるものでした。

この企業・個人間の〝御恩と奉公〟をベースにした働き方は、当時としては、世界的に見てもイノベーティブで先進的な働き方モデルだったと思います。

## バブル崩壊とともに、奉公は搾取に

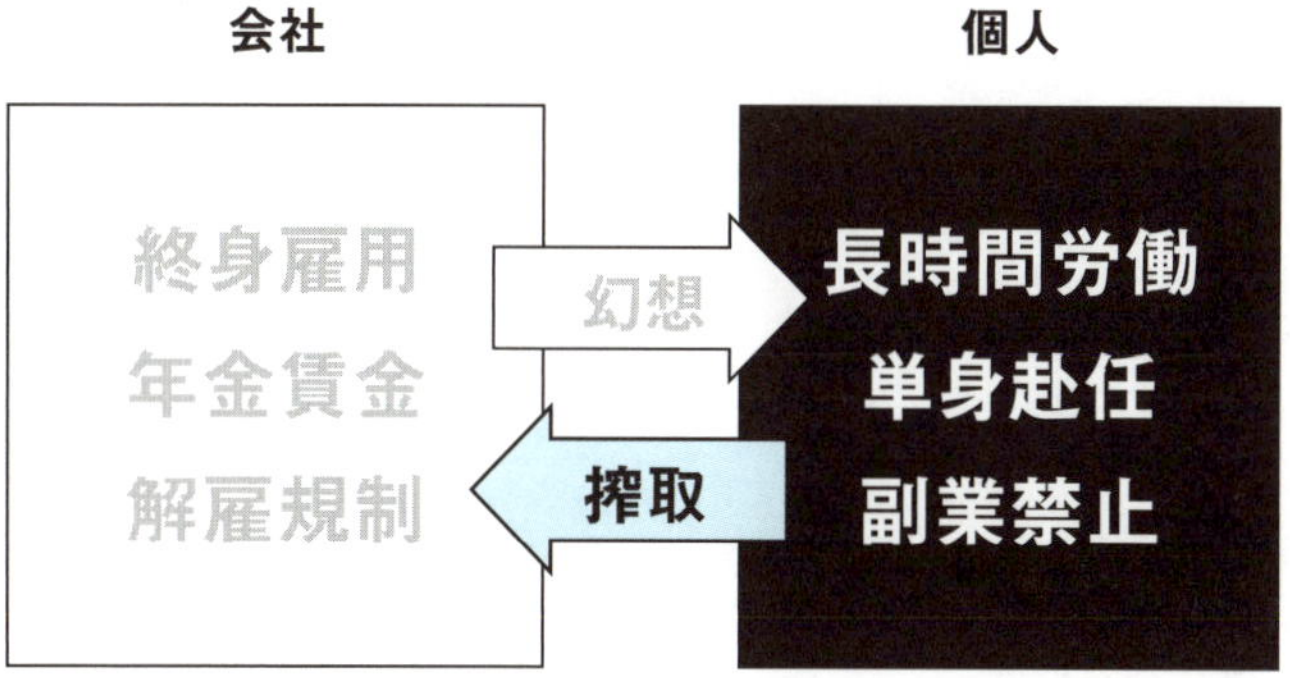

## バブル崩壊により、奉公から搾取の時代に

しかし、時代は変わりました。

**バブル崩壊以降の長引く不況により、日本企業は体力を失い、「終身雇用」や「年功賃金」はすでに幻想に変わったといっていいでしょう。**

かつては世界に名を馳せた大企業が、続々と早期退職を募り、中国企業に買収されるという現実。

成果主義や役職定年制度の導入で、賃金は実質的に横ばいになっています。

**〝御恩と奉公〟の関係のうち、〝御恩〟のほうが取り下げられてしまったというのに、個人は変わらず〝奉公〟し続ける。**

**これでは不公平であり、単なる搾取です。**

この構造の異変に早くに気づいた人たちは、よりフェアな労働環境を求めて職場を変えたり、自ら経営をする生き方を選んだりしています。

技術革新のスピードが速くなり、企業にとっては「10年後も存続しているかさえ保証できない」時代です。

従業員の生活を守り切ることが約束できない時代だからこそ、副業を容認せざるを得ないというのが本音ではないでしょうか。

# これからは「会社」と「個人」が対等の関係になる

「雇用における企業・個人間の不均衡を早く是正しなければ、日本の社会そのものが崩壊する」

そんな危機感を持って行動した人の中に、僕の師匠の一人でもある小室淑恵さん（株式会社ワーク・ライフバランス代表取締役社長）がいます。

小室さんは、「人口オーナス期における働き方の変革」を政府や経済界に訴え続け、働き方改革実現推進室の立ち上げ、さらには働き方改革関連法案成立まで大きな貢献を果たした立役者です。ちなみに人口オーナス期とは、少子高齢化が進み、働く人の数より支えられる人（高齢者と子ども）の数が多くなっている時期をいいます。

期をほぼ同じくして、とある大手企業に勤めていた20代女性社員の過労死自殺が社会問題化したことで、一気に世論は熱を帯びました。

「日本から過労死をなくそう」
「長時間労働を是正すべきだ」

という声だけではなく、

**「企業が過剰に個人を縛るのはおかしい」**
**「個人に対する制約を解放して、人材を〝管理〟するのではなく〝活用〟していくべきだ」**

そんな声がどんどん大きくなり、こだまのように反響し、波及していった。そんな変化を僕も肌で感じてきました。

LinkedIn の創業者、リード・ホフマンが書いた『ALLIANCE』(ダイヤモンド社)によると、個人と企業の関係は、上意下達のヒエラルキー関係から、対等にリソースを提供し合うアライアンス関係へと変化しているとのこと。

個人と企業は、お互いに持てるものを交換し合う自立的な関係へとシフトしようとしています。

つまり、「会社に頼りきり」ではリスク大であるという、意識転換が迫られています。

## 個人と企業の関係は<br>上意下達から対等へ

**Before**
Human Capital
Management

**After**
Human Capital
Alliance

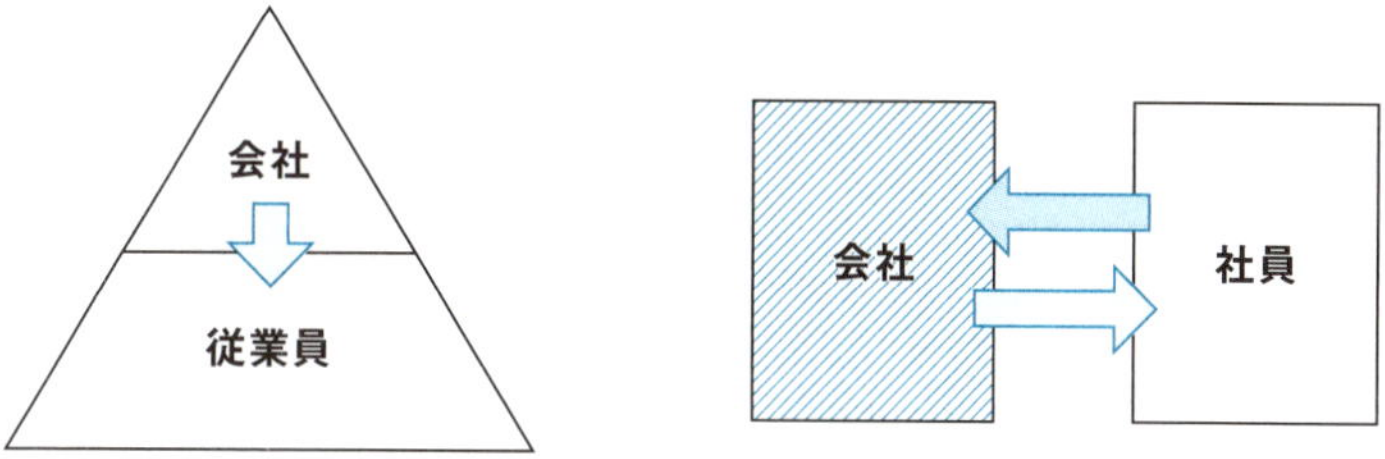


会社が上となって
個人を管理する

→

会社と個人が対等に
リソースを提供し合う

『ALLIANCE』を参考に著者が作成

## フリーランスとして活躍できる力がなければ生き残れない

個人にとっても、「一生一社」を全うしづらい時代になりました。企業の寿命サイクルが短くなっている半面、個人の寿命は延びているからです。

定年は70歳まで延長されたとしても、定年後の生活も長く続きます。90歳まで生きたとしたら20年。

昔のように潤沢な退職金ももらえませんし、年金もどうなるか分かりません。老後の生活は自分で守らないといけない。

**定年と同時に、「新たなキャリアのスタート」を切ることになり、今後は多くのケースがフリーランスの道を選ぶことになるのではと思います。**

そのときに効いてくるのが、現役時代の複業経験です。社外にネットワークを張り、いろんな組織で通用するポータブルスキルを備えた人材として自分を磨いておけば、定年後も〝一生食っていける〟という安心が得られます。

何より、複業を通じて鍛えられる「好きなことにチャレンジする」「失敗しても、何度でも工夫して楽しむ」といったマインド面のタフさが、大きな財産になるはずです。

個人が自分の人生を守るために、複業は有効である。

このことに、政府も企業も気づいて推進しようとしている変化をつかみ、波に乗った人が勝ちです。

乗り遅れる人を、一人でも減らしたい。

切に願いながら、僕は叫び続けます。

## 「2020年までに、上場企業の副業解禁100％へ！」

次の章では、本書で提唱する「複業」についてくわしく説明していきます。

第2章

# あなたの人生を取り戻す「複業」という選択

# 転職・起業のリスクを冒さずに、人生を取り戻す方法

「このまま今の仕事を続けていていいのだろうか？」

これは、働く人なら誰もが一度は抱いたことがある迷いだと思います。

社会人としてスタートを切ったときから一貫して人材市場に身を置いてきた僕の元には、キャリアの迷路に入り込んだ方からの相談が日に何件も舞い込んできます。

特に、リーマンショック以降に社会に出た世代には、「繁栄は長くは続かないもの。どんな大企業でも、ある日突然潰れる可能性がある」という価値観が浸透していて、足元の不安は常に尽きないようです。

**「どこでも通用する力を身につけたい。けれど、今の仕事が本当に向いているものなのか分からない」**——自分の居場所に確信が持てない気持ちは、たった一度の人生を真剣に生きようとする人ほど強く抱くはずです。

ですから、僕はまずこの迷いの岐路に立ち、この本を手に取ったあなたに、心からのリスペクトをお伝えしたいと思います。

仕事は人生の大部分の時間を費やす、とても大切なもの。

その仕事をより価値あるものに高めていきたいと貪欲であり続ける姿勢は、僕自身も失いたくないものです。

実際、転職や起業に関心がある人は70％にも上るそうです（内閣府2018）。

働く人の大多数が「現状に対する不安」を抱えているということです。

## ノーリスクで人生を変える「複業」という第3の道

かといって、転職にチャレンジするのも足踏みしてしまいますよね。なぜなら、思い切って外に飛び出してみて、今の会社以上に能力を発揮できるかは分からないから。「やりたいことで起業してみよう」と独立するのにも勇気が要ります。会社員という身分を捨てて、自分の力を試すのは大きなリスクを伴います。

転職や起業の相談に来る人で、実際に新たなチャレンジに踏み切れるのは、ほんのひと握りですし、僕はそれが当たり前だと思っています。

今の会社を辞めて、転職・起業だなんて、簡単に考えられない！

それが多くの人の本音ではないでしょうか。

しかしながら、「隣の芝は青く見える」というのも人間の性。巷には転職や起業の成功例が溢れているけれど、自分もそうなれるという確証はどこにもない。だからといって今の仕事を続けていけば将来は安泰かというと、不安しかない――。

そんな時に、転職でも企業でもない〝第3の道〟として僕がすすめる選択肢が「複業」です。

**今の仕事を捨てることなく、しかし、それだけにしがみつくことなく、新たにスキルアップや出会いの経験を増やしていくキャリアルート。**

「やりたいこと探し」や「適性チェック」にぴったりの機会にもなる、ほぼノーリスクの方法が「複業」なのです。

# 「副業」と「複業」は何が違うのか？

まず、ハッキリとお伝えしておきたいのは、「副業」と「複業」は完全な別物だということです。

「副業」という言葉からは、あくまで本業を補うためのサブとしての仕事だという印象を持つ人がほとんどではないでしょうか。**余った時間を有効活用して副収入を得るための仕事──多くの人はそんなイメージを持っていると思います。**

例えば、ネットサーフィンでたまたま目にした「クリックするだけで月2万円！」といった広告に飛びついて、空き時間で収入を増やすような。

かつての「フクギョウ」は、このように時間を切り売りする意味での「副業」が一般的でした。

持続や発展を前提としないため、一時的な「お小遣い稼ぎ」で終わることも少なく

## 副業とは？

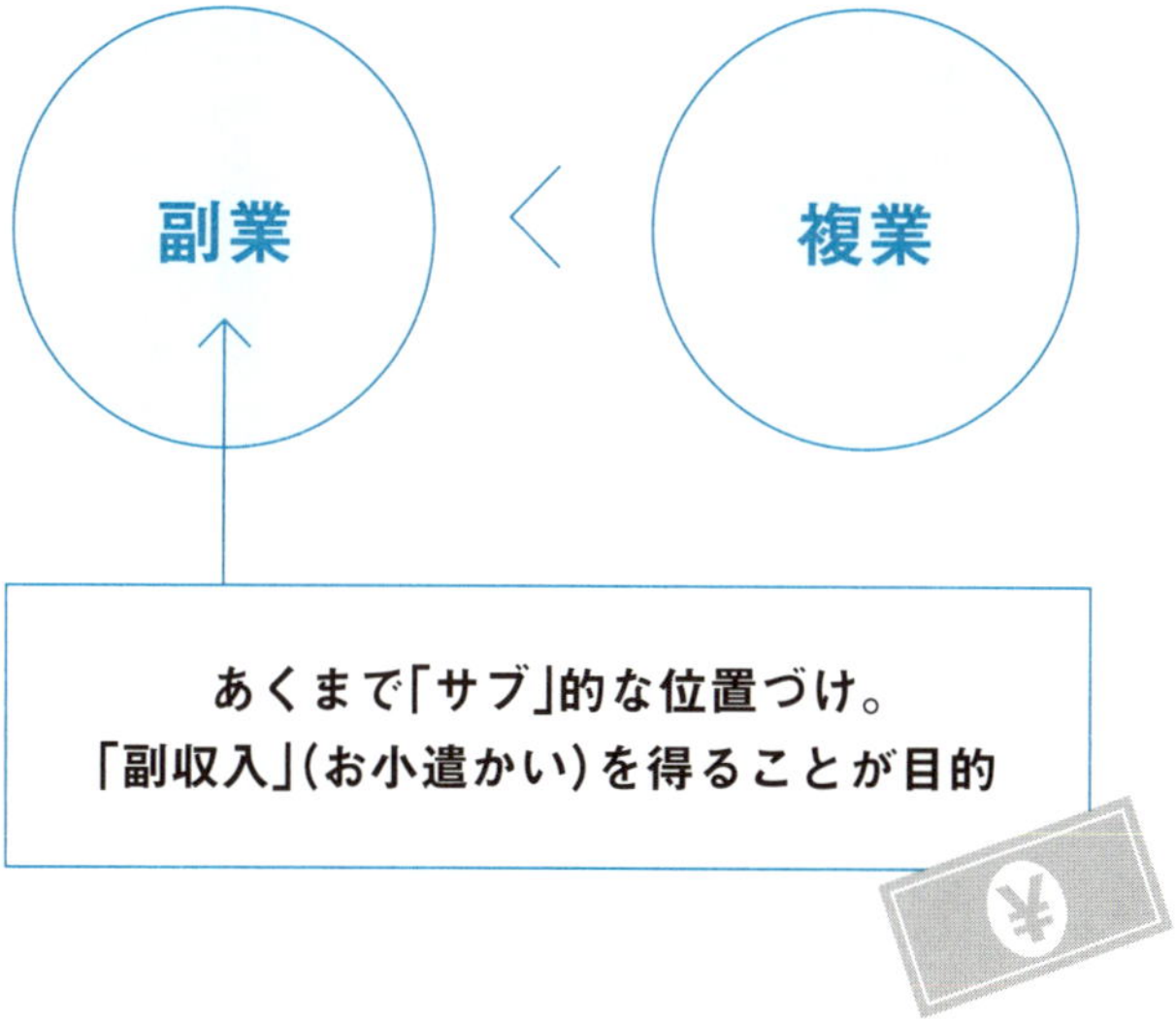

ありません。また、本業と副業は互いに影響し合わないので、副業をしたところで本業とのシナジーも生まれません。

一方で、僕がすすめる「複業」は、根本から異なる考え方に基づくものです。

**「複業」の起点は、「本業だけではできない〝やりたいこと〟へのチャレンジ」。**

例えば、「本当はマーケティングをやりたいけれど、うちの会社の異動ローテは最短でも3年。あと2年は営業を続けることになるんだよなぁ……」というときに、「週末を使って、知り合いのベンチャーのリサーチの手伝いをやってみよう」。

あるいは、「子どもの頃から憧れていたコラムニストの仕事。今のアパレル会社では執筆の経験は積めないから、ブログを書いてみよう」。このような「やりたいことへの第一歩」を自ら踏み出すために始めるのが「複業」なのです。

## 複業は、本業との相乗効果を生み出す

「本業」から派生、あるいはまったく別の場所から生まれた「複業」は、単発や短期で終わることがほとんどありません。最初は細々であっても、続けるうちに経験やス

## 複業とは？

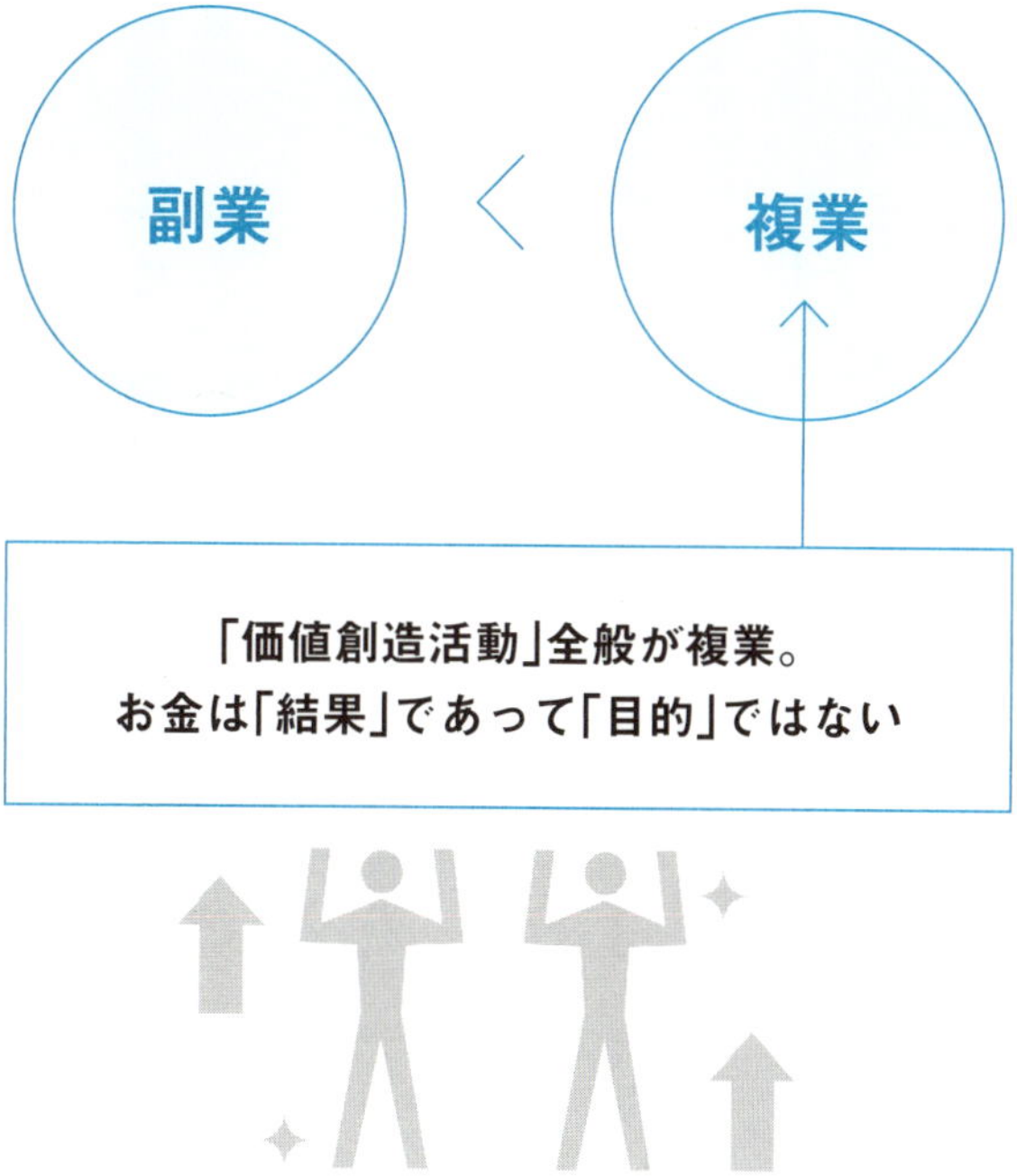
副業
<
複業
「価値創造活動」全般が複業。
お金は「結果」であって「目的」ではない

キルが身につき、徐々に線が太くなっていきます。

複業は、「本業ではできないこと」の実践なので、はじめのうちは、本業と交わることなく並行線を描く「パラレルキャリア」となることも多いですが、**「やればやるほど、本業にプラスの影響を与えていく」というシナジー効果が生まれることも少なくありません。**

先ほどの例で言えば、複業のリサーチ補助で培った経験が、回り回って本業の営業に役立った、というのはよくある話。「ブログが上司の目に留まって、『今度立ち上げるオウンドメディアの開発チームに入ってみないか?』と声がかかった!」という展開もあり得るでしょう(実際に、僕は似た事例を多数知っています)。

このように、複業を続けるほどに、結果として本業の線までより太く発展していく「パラレルキャリアのシナジー効果」が期待できるのが複業です。

この、本業との両立法にもちょっとしたコツがありますので、この本の中で惜しみなく、お伝えしていきたいと思います。

**複業は本業にプラスの影響を与える**

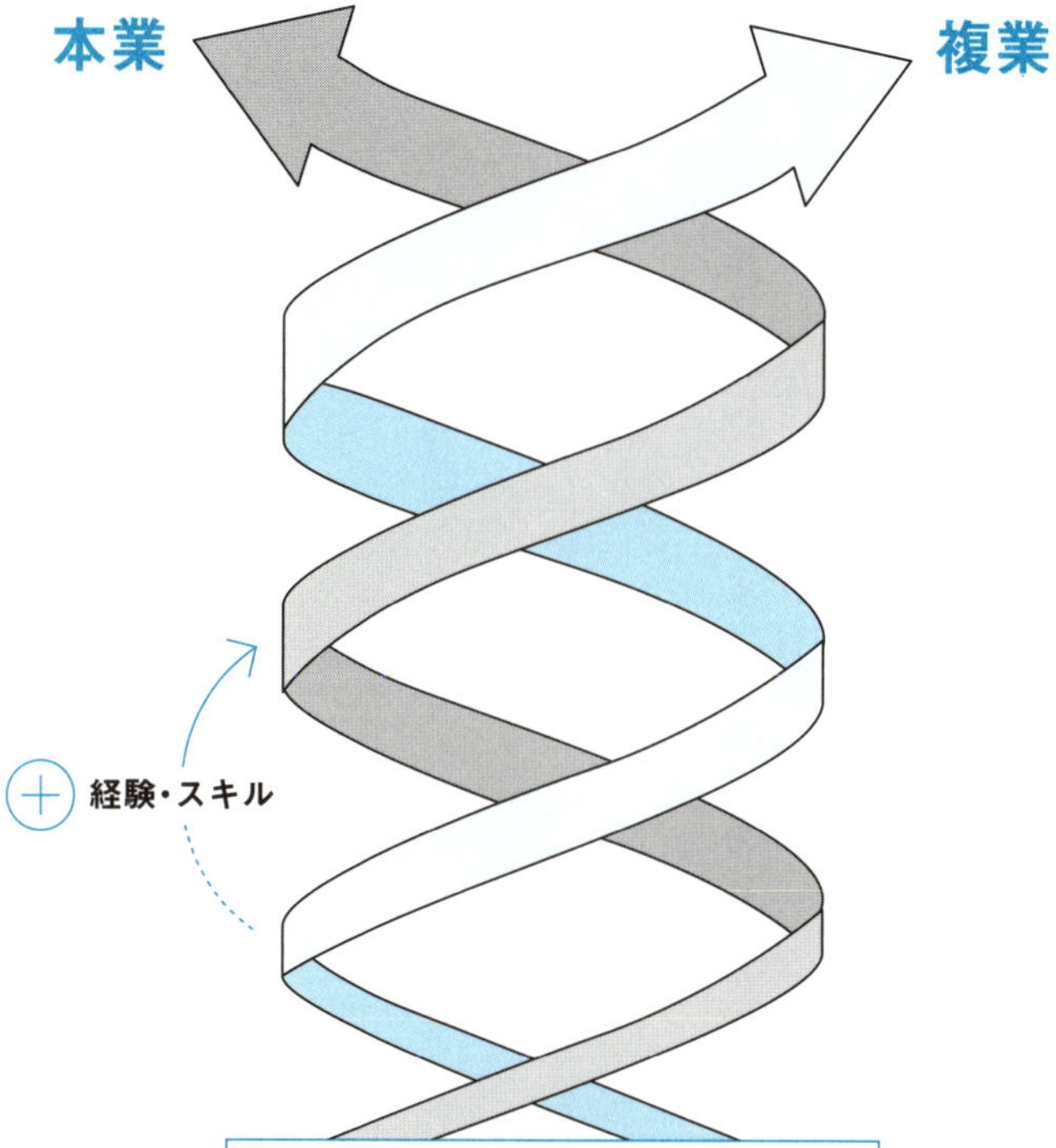


**複業で得た経験やスキルが**
**本業にも良い影響を与える**

# 複業だけがもっている3大メリット

このように説明すると、「確固たる〝やりたいこと〟がなければ、複業は始められないのかな……？」と引いてしまう人が時々いるのですが、そんなことはまったくありません。

**むしろ、本業を捨てずにいつでも始められる複業だからこそ、「気軽にお試しができる」のがとても大きなメリットなのです。**

誰に頼まれたわけでもなく「やってみたい」から始める。

〝自分発〟のプロジェクトなのですから、やめるのも続けるのも自由。

「やってみたら向いてなかったかも」と気づいたらいつでも中断できますし、他の分野で新たな複業を始めるのもよし。

失敗しても無傷。あるいは、せいぜい「かすり傷」程度ですみます。

むしろ、失敗するほど、自分の苦手分野・得意分野が明確になると思えば、かなり気が楽になるのではないでしょうか。

あまり難しく考えず、興味のままにいろいろとトライしながら仕事の適性を探る〝試食〟ならぬ〝試職〟の絶好の機会ととらえてみてください。

僕が考える「複業の3大メリット」は次の3つです。簡単に紹介していきましょう。

メリット1

# 時間をかけて「やりたいこと」の追求ができる

「Will（やりたいこと）」「Can（得意なこと）」「Must（求められていること）」。この3つの掛け合わさった仕事が、その人にとっての天職になる。

これは、リクルートが長く提唱しているキャリアプランニングのフレームワークの一つです。

このうち、本業では「Must」をこなすことが求められます。

設定された目標に対して「どれだけ達成できたか？」で評価が決まるので、会社員の意識は「Must」に行きがちです。

となると、置いてきぼりになりがちなのが「Will」。

個人がやりたいこと、チャレンジしたいことの追求です。

それがかなう職場と出合えた人は超ラッキー。

日本の労働人口の中で、本当にやりたいことを本業で追求できている人はひと握りではないかと思います。


**本業だけでは満たされるとは限らない「Will（やりたいこと）」。その経験の主戦場になり得るのが、複業です。**

当たり前ですが、自分で決めて自分で始める複業は、何をやるのも自由。だから、自己実現の受け皿になるのです。


しかも、〝達成までの期限がない〟というのも素晴らしいところ。集団でゴールを目指す会社組織では、新規事業を始めるにしても「1年以内に事業として黒字化しないとチーム解散」といった達成期限や数値目標決められる場合がほとんど。

せっかく「Will」を追求できそうなチャンスに恵まれても、道半ばで撤退……と涙を飲むドラマは、〝会社員あるある話〟ではないでしょうか。

その点、複業は始めるのも、続けるのも、やめるのも自由。

**上司は自分自身なのですから、やれるところまでとことん「Will」を追求できます。**

やり続けた結果、「やっぱり違った」と方向転換することもアリです。トライ＆エラーを繰り返しながら、自分の「Will」を磨き、精度を高めていく。

その結果として、「Will」が本業にも活かせる日が訪れたら最高だと思いませんか？

## 複業でWill（やりたいこと）を追求する

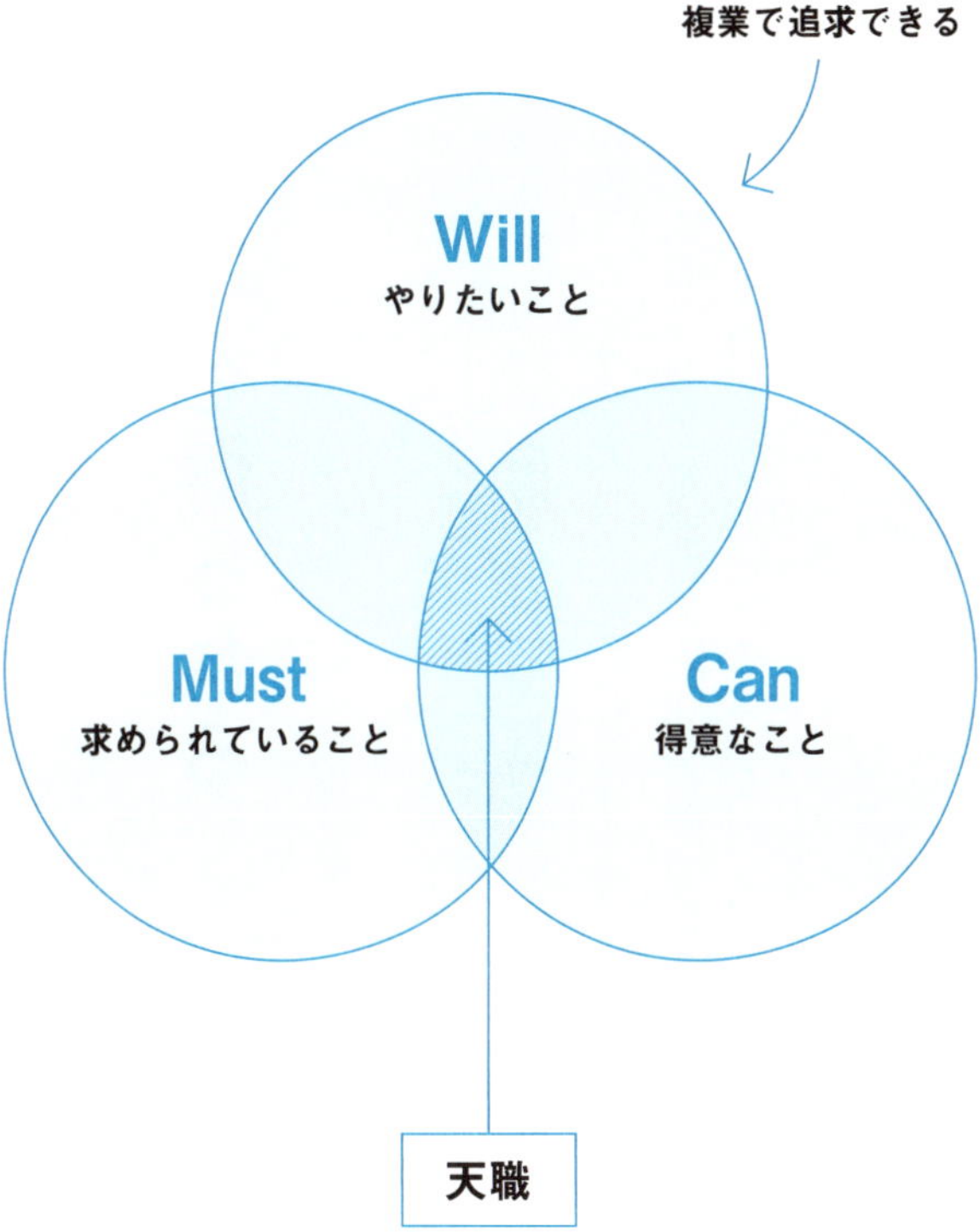

## メリット2

# 「稼ぐ力」を得られる

繰り返しになりますが、単なる副収入だけが目的の「副業」はオススメしません。
複業で得られる財産は「お金」だけではありません。
むしろ、お金以上に価値のある〝無形資産〟を蓄財できるというのが複業の大きなメリットです。

お金ではない〝無形資産〟とは何か？

**それは、本業だけでは得られない「経験」「出会い」、そして、その人間関係の中で育っていく「信頼」です。**

「やりたいことにチャレンジする」という前向きな気持ちから生まれる行動は、同じようにポジティブで未来志向な仲間との出会いをどんどん引き寄せてくれます。

本業の外の世界で築かれた無形資産は、本業にも活かされる学び、成長のきっかけを広げるのはもちろん、人生そのものをよりカラフルに彩るはずです。

## メリット3
# キャリアチェンジの失敗リスクを減らせる

転職エージェントに勤めていた会社員時代、僕が最も切実な課題だと感じていたのが、「転職のミスマッチ」でした。

**まだまだ終身雇用幻想の根強い日本の雇用カルチャーにおいて、転職や起業は思い切った決断を要するものです。**

20代、30代、40代と年齢層に関係なく、一大決心として踏み出すターニングポイントというイメージをもっている方が多いです。

そして、転職・起業というキャリアチャレンジをする時に、「これまで以上にいい仕事をしたい。いい職場環境で働きたい」と願わない人はいないと思います。

それなのに。

実際には、「転職して後悔」する人は存在しています。

転職先の会社や業界についての事前リサーチが不足していた、入ってみたら職場の人間関係に問題があった、求められている役割と自分ができることが違った……。理由はいろいろあると思います。

起業に関しても、せっかく熟考を重ねて自分の会社を立ち上げたというのに、「自分は起業に向いていなかった……」と後悔している人を時々見かけます。

複業には、こういった〝キャリアチェンジのミスマッチ〟という不幸を防ぐ役割も期待できます。

## 安全地帯を確保したまま、複業でチャレンジができる

複業は、本業という安全地帯を確保しながら、いわば〝お試し〟で「やりたいこと実験」ができるので、向き不向きの判断材料を得られます。

もし、「やりたいことをやってみたら、向いていなかった」といった結論となったとしても、中長期のキャリアのためには大きな収穫。複業で分かってラッキーだった！くらいに思えばいいのです。会社を辞めた後に転職先で気づいて「後の祭り」になってしまうより、ずっとマシです。

**仕事を試す、〝試食〟ならぬ〝試職〟ができるというメリットは、実は日本の雇用環境の欠点を絶妙に補っています。**

日本企業の典型的な人材育成といえば、新卒一括で大量採用をした若者を、2、3年おきに部署異動させて、20代のうちに3つくらいの「異なる仕事」の経験をさせる

ジョブローテーション。

その中でキラリと光る資質を発見できれば、それを伸ばし、コアスキルとして鍛えていく。

これが日本の人材育成の王道でした（注：新卒一括採用のルールも今後は根本から変わっていきますが、ここでは説明を省きます）。

これはこれで効率的なシステムだったと僕は思うわけですが、残念な点を一つ指摘するとしたら、入社10年以内にジョブローテーションで経験できる「異なる仕事」の種類は多くて3つくらいにとどまるということです。

3つの中にたまたま本人の希望や適性にピッタリの仕事が含まれていたらいいのですが、その確率は決して高くはありません。希望の異動先を上司や人事に伝え続けても、それがかなえられる保証もありません。

仕事の向き不向きを測るジョブローテーションを「リトマス試験紙」に例えると、会社員に与えられたリトマス試験紙の数はせいぜい2、3枚程度。しかも、その貴重な試験紙を、「どの水につけるか？」という選択さえも自分で決められないという不自由さ。

この試験紙の数を、4枚、5枚、10枚といくらでも増やせる方法が、複業なのです。

さらに、紙をつける水（職種・業界）も自由に選べます。

**自分が本当に力を発揮できるのはどんな仕事なのか。複業を使っていくらでも試してみることができるのです。**

そして、「これこそ自分の天職かも？」という感触をつかんだら、それを今の会社で実現する道を探るのもよし。

複業で続けるのもよし。転職や起業にチャレンジするのもよし。

大決断の前の〝試職〟のチャンスを広げる複業を活用しない手はありません。

## 副業と複業の違い(まとめ)

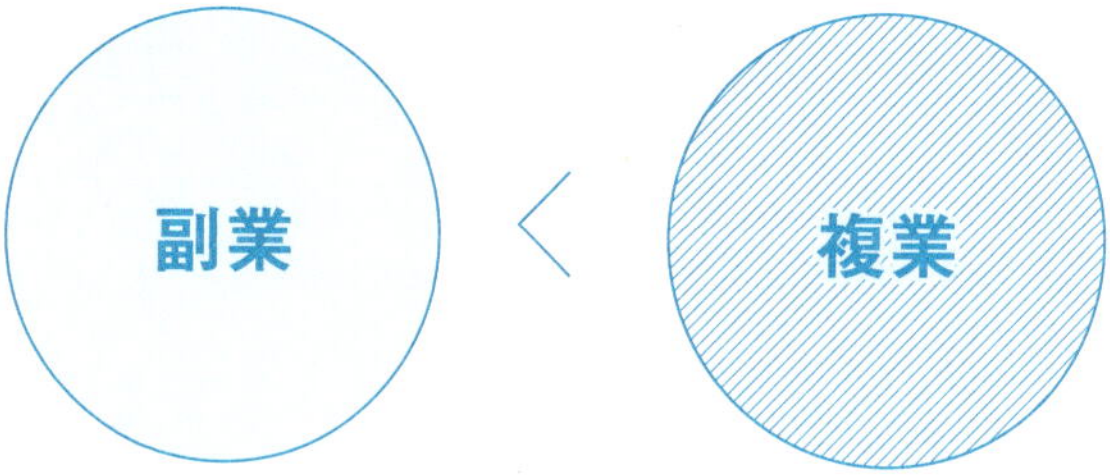


| 副業 | | 複業 |
|---|---|---|
| あくまで「サブ」 | 位置づけ | 主従はなし |
| 収入を得られる業務のみ | 対象 | あらゆる価値創造活動 |
| 副収入を得ることのみ | 目的 | 自己成長と他者貢献 |

サイボウズ株式会社「サイボウズの複業制度」をもとに著者が作成

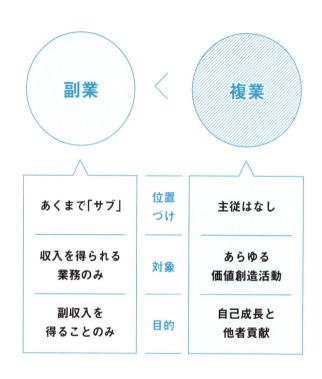

# 複業の最大の価値は、「自分の人生を取り戻す」こと

他にも細かいメリットはいくつも挙げられますが、すべてを総合して、僕が考える複業最大のメリットを一言に集約してみます。それは、ズバリ。

**「自分の人生を取り戻せること」**

これに尽きます。

自分の人生を取り戻す？
一体いつの間に、誰に奪われていたの？？

すぐにはピンと来ない人も多いと思います。

**ただ事実として、今の日本では、若者もベテランもシニアも、無意識のうちに「自分の人生を生きていない」人が大多数であるという危機感が僕にはあります。**

人材コンサルティング・リサーチ会社の米ギャラップ社が2017年に発表した調査結果によると、「熱意あふれる社員」の割合は、日本ではたった6%。

アメリカの32%と比べて大幅に低く、対象となった世界139カ国の中でも132位と最下位クラスであることが示されました。

後ろから数えて8番目、ワースト8位という悲しい結果をはじめて聞いたとき、僕は打ちのめされました。

## 一人が一生一社だけに勤める時代は終わった

なぜ日本人はハッピーに働くことができていないのか。

1章でも述べましたが、僕は「戦後の高度経済成長期から長く続いてきた日本型雇用文化の悪い部分だけが残されている」ことが大きな要因であると分析しています。

誤解のないように強調したいのですが、日本型雇用には素晴らしい面もたくさんありました。

一度入社したら終身雇用が約束され、賃金は年々確実に上がり、老後を穏やかに過ごせるだけの退職金までもらえるという、夢のような約束が果たされてきたのです。バブル崩壊という悪夢が日本を襲うまでは。

この約束が果たされるためには、社員は皆、長時間労働に耐え、〝個〟を消して会社の色に染まる団結を重んじて、会社に尽くさなければなりませんでした。

まさに「御恩と奉公」のような関係が、企業と個人の間で結ばれてきた。これが日本型雇用の本来の構造だったはずです。

企業は、個人が働く時間・場所・内容を制限する代わりに、自社で働く個人に対して「一生安泰」の約束を交わしていました。

個人もその約束にすっかり安心し、「自分がやりたいことは横に置いて、会社のために何も考えずに働こう」と尽くしました。

**つまり、会社に依存していた、会社に人生をゆだねていた、と言ってもいいでしょう。**

しかしながら、1990年代初めのバブル崩壊を発端とし、日本企業の競争力は減退。IT革命によって世界のビジネスの変化スピードが劇的に速くなり、企業寿命も短命化、少子高齢化により社会保障制度の崩壊が確実となった今、〝約束〟は破られようとしています。

いや、すでにもう破られていますし、「あの約束は守られるはずがない」と多くの人が気づきながら働いています。

**昨今の長時間労働撤廃、リモートワーク解禁といった流れは、何も個人を守るための施策ではなく、約束を守れない企業の〝白旗〟なのです。**

「ごめんなさい。今までのように生涯にわたってあなたのことを養い続けることができません。だから、もっと自分で自分の人生を考えて、生き抜いてください」

そんな危機感を含むメッセージであることに、多くの人が早く気づくべきです。

## 複業が認められると、「いいわけ」ができなくなる

働き方改革の追い風で、かつて企業に縛られていた個人が働く「時間」と「場所」は、解放されつつあります。

都市部を中心に、会社員も利用できるシェアオフィスはずいぶん増えてきました。

もう一つ、解放が進むべきなのが、働く「内容」です。

会社員だって、いつでもやりたいことが始められる時代。その最短ルートが「複業」なのです。

複業が認められない時代には、会社員が本業以外でチャレンジをしたい時の選択肢は、転職か起業しかありませんでした。

「会社で認められないから」という理由で、やりたいことを諦めていた人はたくさんいるはずです。

**しかし、複業が認められる時代には、個人がいつでも好きなこと、やりたいこと、挑戦してみたいことに飛び込めるようになります。**

## 副業・兼業を認めたことによる効果
## (上位10項目、複数回答)

(%)

| | | |
|---|---|---|
| 1 | 定着率が向上した | 26.6 |
| 2 | 従業員のモチベーションが高まった | 16.5 |
| 3 | 従業員のスキルが向上した(本業に貢献) | 16.2 |
| 4 | 多様な人材の活躍が推進できた | 11.1 |
| 5 | 継続雇用が増加した(リタイア後の再雇用など) | 10.8 |
| 6 | 社外との人脈が形成された | 8.9 |
| 7 | 従業員の労働時間が短縮した | 7.9 |
| 8 | 雇用活動が容易になった | 7.5 |
| 9 | ワークライフバランスへの意識が高まった | 7.1 |
| 10 | 従業員に経営者視点の意識が高まった(働き方の変化など) | 6.8 |

注:母数は副業・兼業を「積極的に認めている」または
「やむを得ず認めている」のいずれかを回答した企業1,047社

出典:帝国データバンク「2017年度の雇用動向に関する企業の意識調査」をもとに著者が作成

**それはある意味で、「やりたいことができない」という言い訳ができない、厳しい時代になるとも言えますが、僕はとても希望を感じています。**

不思議に感じるかもしれませんが、69ページの表にあるように、やりたいことを複業として始めた人の多くは本業の満足度も上がります。

きっと「やりたいことにチャレンジできている」という満足感が、気持ちを前向きにして、本業に対するモチベーションを高めるのです（僕自身がそうでした）。あるいは、複業で得られる学びや成長によって、本業でより力が発揮できるようになる好循環が生まれているのです。

「会社員とはこうあるべきもの」という従来の枠組みにとらわれず、じっくりと振り返ってみれば、きっと誰もが一つや二つ、思い出すはずです。

本当にやりたかったこと。「これが仕事にできたら幸せ」と願ったこと。

複業ならいつでも、今すぐにでも始められます。

だから、僕は、この本を通じて多くの人に伝えたいのです。

**複業を始めよう！**

**自分の人生を、もう一度取り戻すために。**

# 第3章

# 複業を始めるための3（+1）ステップ

ステップ0

# なぜ、複業を始めるのか、目的を明確にする

この章では、「複業の始め方」について具体的なステップを解説していきます。
まず、覚えておきたい基本のステップは次の3つです。

**ステップ1　見立てる**
**ステップ2　仕立てる**
**ステップ3　動かす**

さっそく順に説明を、といきたいところですが、その前に強調しておきたいのが「ステップ0」の重要性です。
ステップ0とはすなわち、「マインドセット」。複業への心構えをしっかりと整える

ことです。ステップ1〜3は、複業を始める上での〝HOW（＝どうやるか）〟です。**ただ、その前に〝WHY（＝なぜやるか）〟を明確にすることが大前提になります。**

なぜ今、複業を始めるのか？　その目的を自分自身で腹落ちさせておくこと。これが複業の方向性をブレさせず、長続きするためにとても重要になっていきます。繰り返しになりますが、僕は複業の目的は「お金稼ぎ」だけが第一義にあってはならないと考えています。

本業では実現できない「やりたいこと」にチャレンジするため？　本業でキャリアアップするために必要な力を早く身につけるため？　本業だけでは得られない出会いを広げるため？

複業を始める動機と意義づけを、まずは確かめましょう。動機はもちろん人それぞれでいいし、正解はありません。ただし、単なる短期的なお小遣い稼ぎではなく、長い目で見て自分の成長につながる機会創出になっているかを問うべし！です。

複業は始めるのも自由ならば、中断も、やめるのも自由。**本業と両立しながら続けていくものだからこそ、「WHY」が大事になるのです。**

ここがあやふやだと、三日坊主に終わったり、お金につられて本意でない仕事まで受けてしまったりと、迷い道に入り込んでしまう可能性大なので要注意。

ステップ1

# 「見立てる」

## 自分の強み・特徴を棚卸しする

WHYを明確にするマインドセットのステップ0を踏んだ上で、いよいよステップ1の「見立てる」へ。**これは「自分はどんな複業ができそうか？」という〝WHAT〟を設計するステップです。**

自分の行動特性や強みを棚卸しし、世の中のマーケットトレンドを知り、お金を稼ぐ方法を調べる。「3M分析」というフレームワークをもとに解説していきます。

## 「3M分析」で複業を設計する

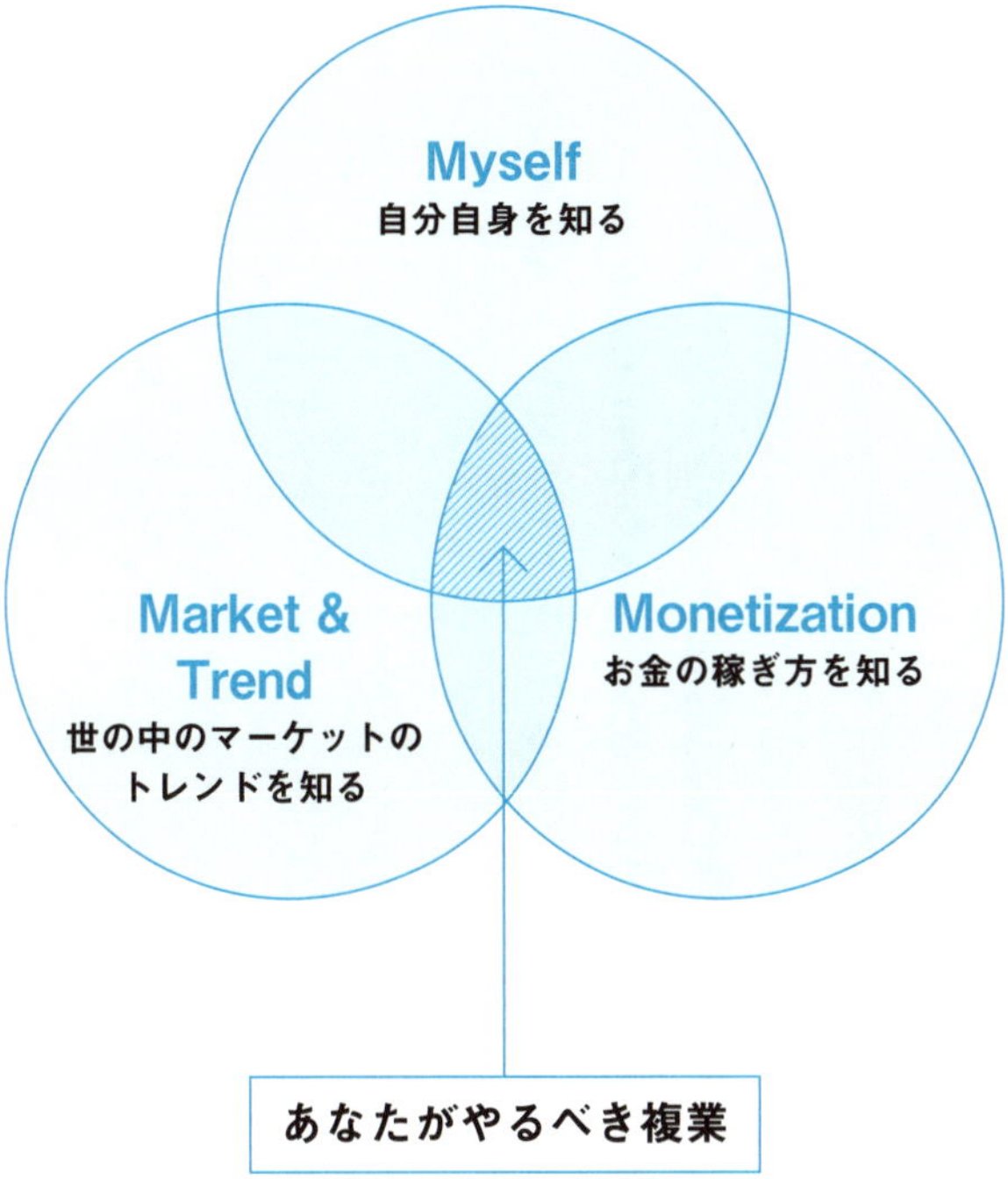

## 1 Myself（自分自身の価値と原点を知る）

### ① ライフラインチャート

まずは、自分自身を知ること。でも、いきなり「自分を知れ」と言われても、どうしたらいいか分かりませんよね。そこでおすすめの方法が二つあります。

一つ目は、ライフラインチャート（LLC）の活用です。

**ライフラインチャートとは、これまで過ごしてきた人生の時間経過を横軸に、幸福↕不幸度を縦軸にとって、これまでの幸福度の変動を可視化したもの。**この LLCの自分版を作ってみることを、複業を目指す人にはおすすめします。

方法はシンプル。これまでの人生を振り返って印象的だったターニングポイントを三つから五つ思い出して、「数学で0点事件」「大失恋で人生のドン底に」などと名づけてみてください。

そのターニングポイントを時間軸に合わせ、それぞれの時点での幸福度をプラスマ

## 著者のライフラインチャート（LLC）

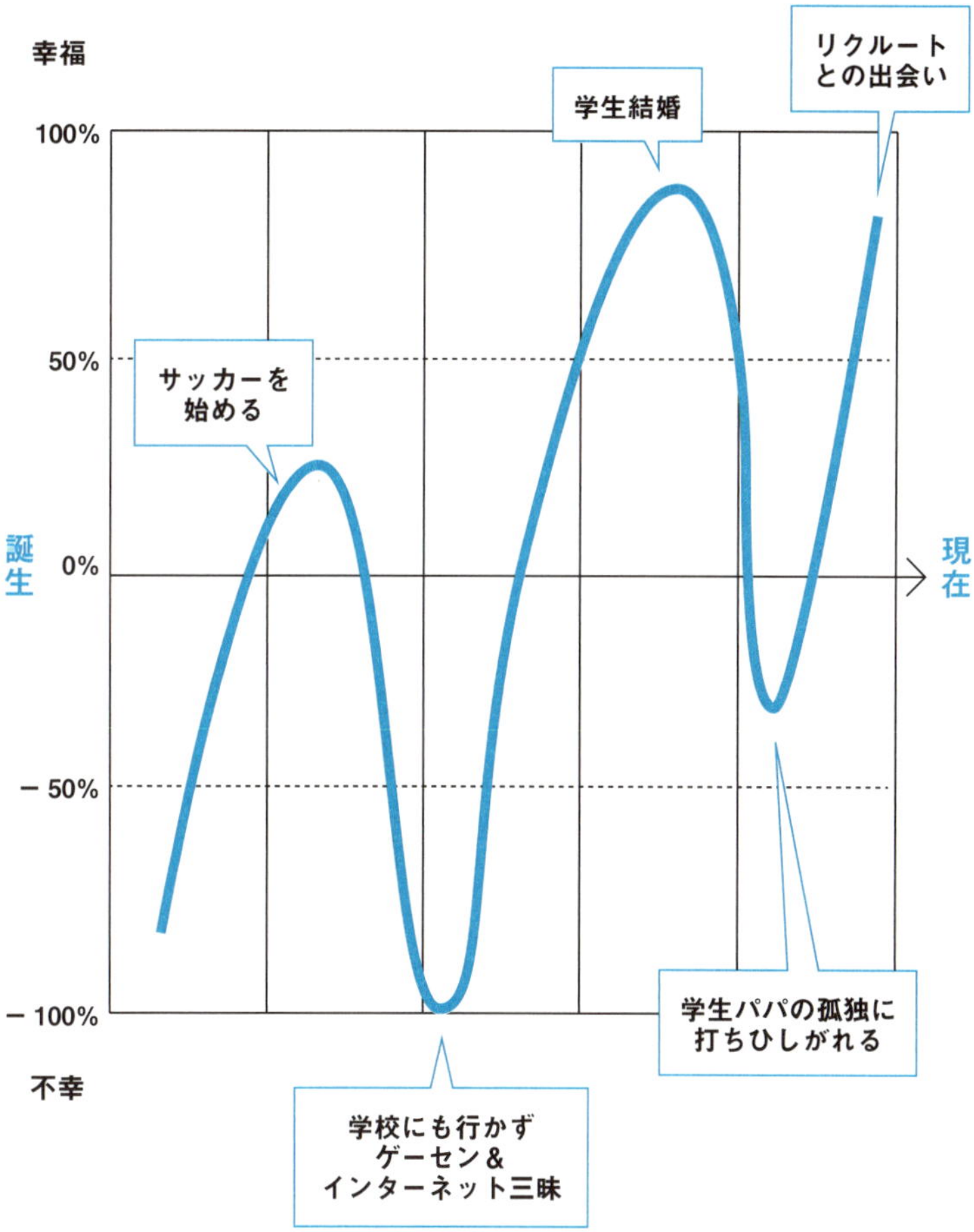

イナスで相対値にして書き入れる。そして、その点をつないでいく。

これだけで、マイＬＬＣは完成です。

ここに空白のワークシートも用意しますが、スマホでチャチャッと入力するだけでグラフが作成できるツールも公開されていますので、ぜひご活用ください。

ＬＬＣを作成することで見えてくるのは、今の自分に至るまでの〝ストーリー〟。

**時間軸に沿ったストーリーの文脈の中で、「なぜ、今、この複業なのか」と自然とつなげられる〝ＷＨＡＴ〟が見つけやすくなるのです。**

複業といえども、人にモノやサービスを買ってもらうためには、「なぜ私がこれを売っているのか」という説得力のあるストーリーが不可欠になる。そのストーリーを仕立てるベースに、ＬＬＣは役立ってくれます。

## ② ストレングスファインダー

もう一つ、ＬＬＣと併せて試してほしいのが、「ストレングスファインダー」です。米ギャラップ社が公開するストレングスファインダーは、強み探しのメソッド。独自に分類された34の資質の中から、優位性のあるＴＯＰ５（希望に応じてそれ以外も）

## 自分のライフラインチャート(LLC)を書いてみよう

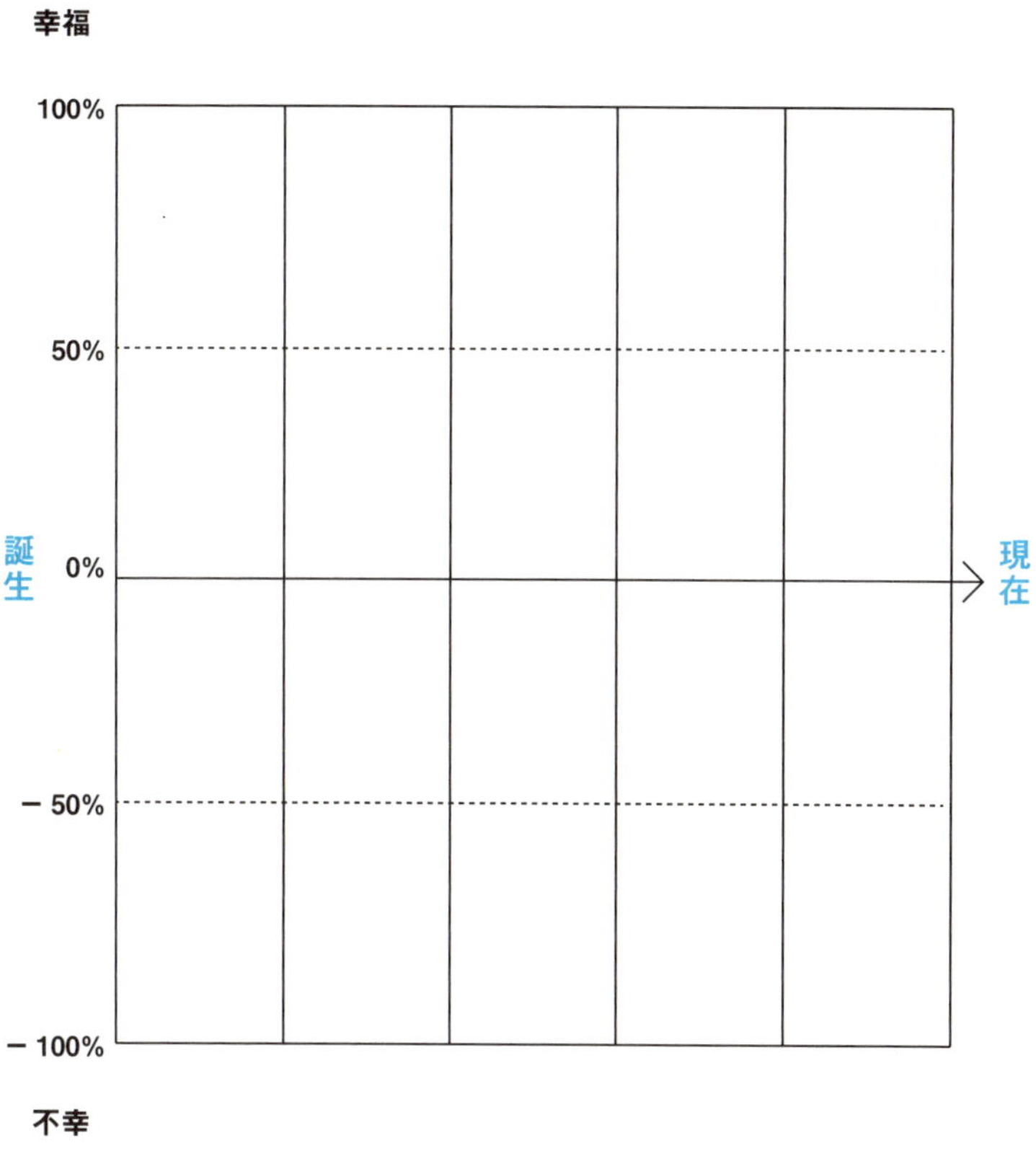

を診断してもらえます。詳しくは書籍『さあ、才能《じぶん》に目覚めよう』（日本経済新聞出版社）をご覧ください。

有料ではありますが、僕は毎年診断し、自分の強みをチェックし続けます。

某大手外資系コンサルティング会社では、TOP5だけでなく下位5つの資質もフィードバックし、「苦手なことはやらない」人事配置に役立てているそうです。「苦手なことはやらない」戦略は、複業においても応用できます。得意で好きなこと以外はやらなくていい、というのが複業のメリットでもあり、成功法則だからです。

**ストレングスファインダーによって、自分の強みとなる資質＝コアコンピタンスを知ることは、自分に適した複業探しを大いに助けてくれます。**

LLCとストレングスファインダーは、どちらか一つではなく、どちらも試すのが効果的です。**これら二つを同時にやることで見えてくるのは、自分自身の〝行動のクセ〟。これはとても重要です。**

例えば、過去の傾向から、「自分は気分屋で、状況によってやる気の浮き沈みがあるな」と気づいたら、継続的なコミットが必要になるクライアントワークには手を出さないほうがいいかもしれません。

いつでも自分次第で出力をコントロールできるメディア運営や、スポット的な単発受注を前提にプランを練ろう、と方針が見えてきます。

このように、「やるべきじゃない複業（not to do）」を見つけることは、複業の継続性のためにとても大事なことだと思っています。

LLCを自分だけで作るのが難しいという場合には、人の手を借りてもOK。あまり近い関係性の人よりも、社内の他部署の先輩や、社外のメンターなど、〝斜め上〟の人にお願いすると、より客観的な意見をもらえるので効果的です。

ここまでが、「自分を知る」ためのステップでした。次に、マーケットトレンドに目を向けてみましょう。

## 2 Market & Trend（世の中のマーケットのトレンドを知る）

最初から「絶対にこの複業をしたい」という分野が明確に決まっていれば、迷わずそれをトライしていいと思いますが、まだ決めかねているという人はぜひマーケットトレンドのチェックを。

「伸びる市場」の世界に身を置くことで、成功確率を高めていきます。

**マーケットトレンドとは、平たくいうと「これから何が伸びるか」という予測です。**

マーケットトレンドを知るにはいろいろな指標がありますが、僕が参考情報としておすすめしたいのは、米ガートナー社が毎年発表している「ハイプ・サイクル」のリリースです。

最新のテクノロジーを分野ごとに「黎明期」「『過度な期待』のピーク期」「幻滅期」「啓蒙活動期」「生産性の安定期」の5段階で評価し、市場の期待値を分かりやすく解説しています。

## 先進テクノロジーのハイプ・サイクル

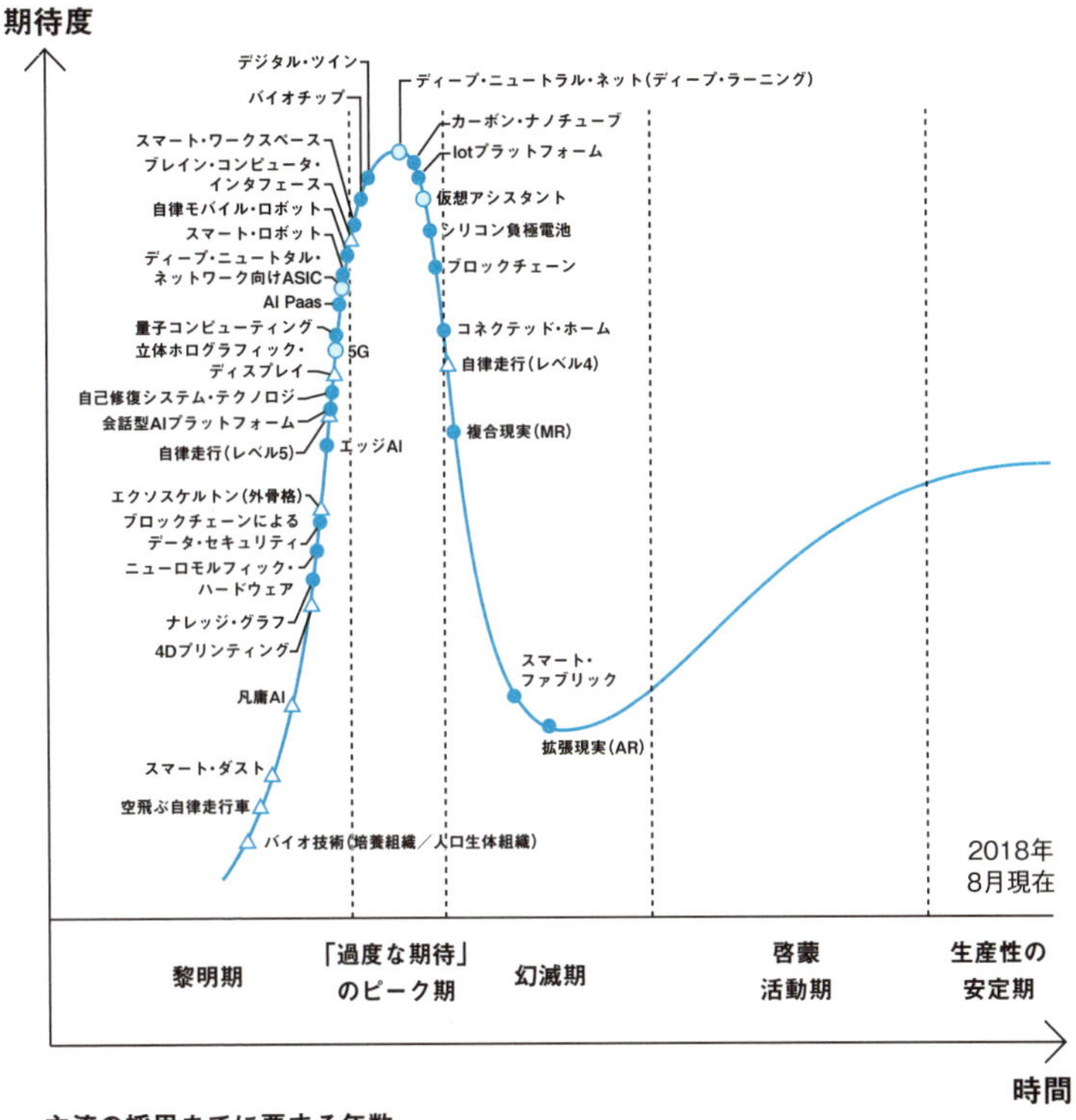


**主流の採用までに要する年数**

○ 2年未満　◎ 2〜5年　● 5〜10年
△ 10年以上　⊗ 安定期に達する前に陳腐化

出典:先進テクノロジーのハイプ・サイクル(ガートナー2018年8月資料をもとに著者が作成)

この資料を読みながら、自分なりに「押さえておきたい3つのマーケットトレンド」などと題して傾向を整理して書き出してみると、乗るべき〝勝ち馬〟が見えてきます。

ただし、これは儲け優先という意味ではありません。

**お客さんが存在する、あるいはこれから増えていく分野でチャレンジするほうがずっと楽しくなるから、という理由ですすめています。**

そして、3つ目の「M」はMonetization。お金の稼ぎ方にどんな方法があるかをチェックしましょう。

## 3 Monetization（お金の稼ぎ方を知る）

お金の稼ぎ方を知るには、〝どこで〟お金を稼げるのか？ つまり、「マーケットプレイス」を探す視点を持つことです。

複業を考える人に稼げる場所を提供するマッチングプラットフォームは、ここ5年で爆発的に増えました。

大きなところではランサーズやクラウドワークス、よりカジュアルに利用しやすい

## マッチングプラットフォームは百花繚乱

出典:「副業系サービスカオスマップ2018年版」株式会社シューマツワーカー
https://prtimes.jp/main/html/rd/p/000000012.000027073.html

ストアカやココナラなど、今やその数は100以上。

シューマッワーカーが発表する「副業系サービス カオスマップ」を見ると、その興隆ぶりがよく分かります。

すると、ここで生じる迷いが「どこを選べばいいの？」だと思います。

**複業を始めるマーケットプレイスの見極めポイントを挙げるとしたら、やはりユーザー数でしょう。**

ただし、マッチングプラットフォームにおけるユーザー数とは、仕事を供給する側に立つ個人の数と、需要側の企業の数の2種類があります。

ユーザー数が非公開の場合もありますが、可能なかぎりこの2つのユーザー数をどちらもチェックし、両者の〝リボン型〟のバランスを見ることを忘れずに。

供給過多のマーケットプレイスでは価格は下落してしまうので、どうせ選ぶなら需要がより多い場所を選んだほうがベターですよね。

一方で、「このようなプラットフォームを利用しなければ複業は成り立たないのか？」というと、決してそんなことはありません。**極端な話、たった一人でも熱烈なお客さんが存在して、一対一の取引が成立すれば複業は始められます。**

**登録企業数の多いプラットフォームがベター**

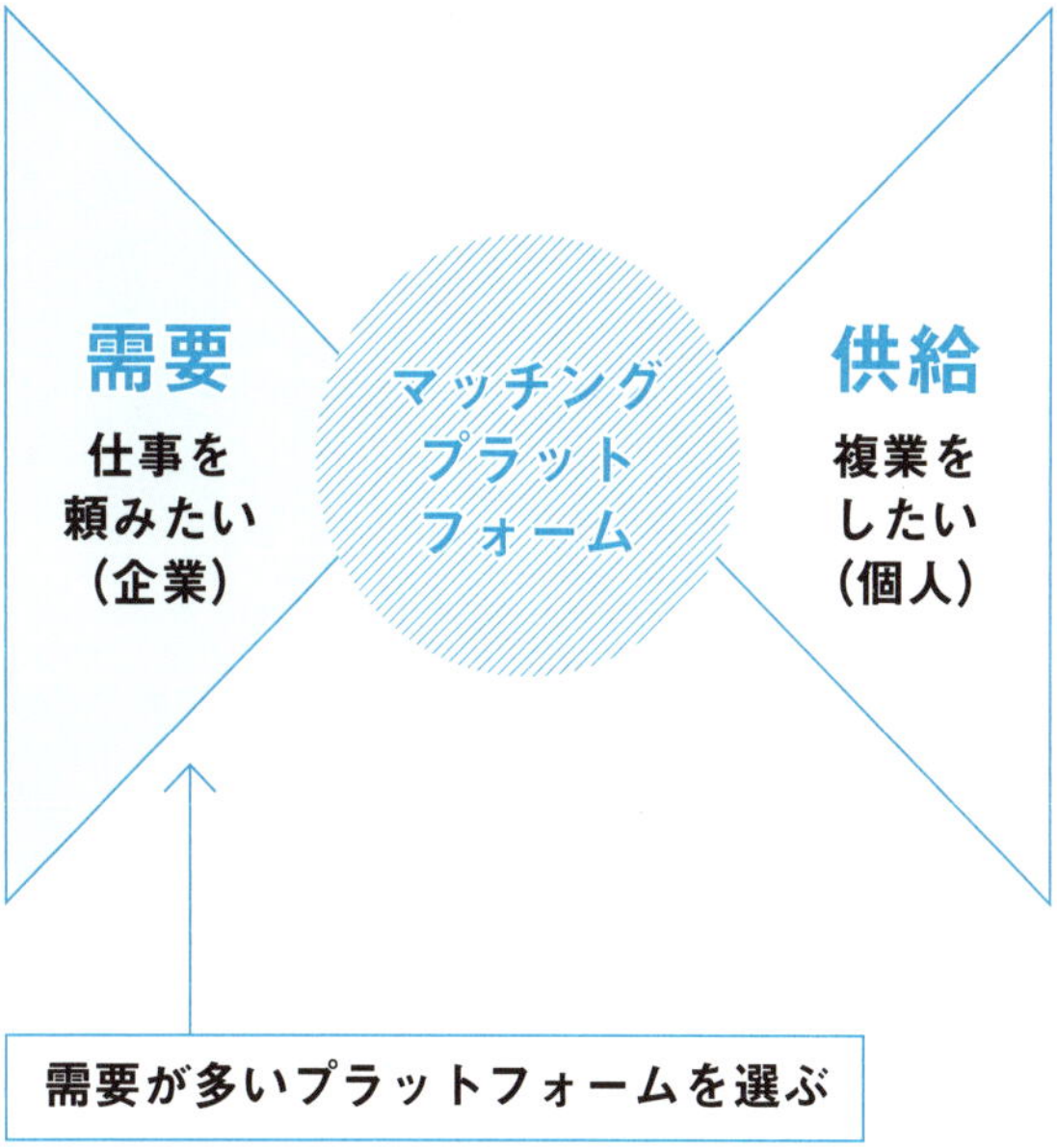

「南米に生息する蛇のまとめサイトを作ってみた」といったマニアック過ぎる商品であっても、誰か一人でもそれを求めてお金を払う人がいれば複業として成り立つ。

これが企業活動であれば、設備投資のコスト回収や何人もの社員を養うために、収益性や市場規模必須となってしまいます。

僕自身の例では、中国のHRカンファレンスに出席するにあたって「人事用語を中心に中国語のプライベートレッスンを受けたい」というニーズがあり、Twitterで募集をしたところ、すぐに交渉成立しました。

つまり、「複業において市場規模は無視していい」と思ってかまいません。たった一人でも、自分を求めてくれる人がいれば始めていい。そして実際にやってみると、一人だけでなく、「僕もそれ、欲しかった」という潜在客が5人、10人と現れてくるものです。

ただし、「こういうモノ（サービス）要りませんか?」と投げかける場所も、どこでもいいわけではありません。

**ビジネスの世界では「アービトラージ（裁定取引）」と言いますが、自分にとって当たり前にできることが、枯渇している場所を探すのです。**

自分を水だと考えてみてください。水がタダのように飲める場所で水を売っても誰も買ってくれませんよね。

「お金を払ってでも欲しい！」と水を強く求められる砂漠はどこにあるのか？と周りを見渡してみてください。

エクセルYouTuberとして活躍する長内孝平さんは、「得意のExcel技術を教える」という場所を、テキストベースではなく動画にして提供したことで、多くのファンをつかみました。

すでに飽和状態の場所ではなく、まだ誰も供給者が現れていない場所を選び取った点に、彼のビジネスセンスが光っています。

**1 Myself（自分自身の価値と原点を知る）**

**2 Market & Trend（世の中のマーケットのトレンドを知る）**

**3 Monetization（お金の稼ぎ方を知る）**

ステップ1で紹介した、この三つのMの分析で、「どんな複業を始めるか」というイメージがかなり明確になってくると思います。

## ステップ2

# 「仕立てる」

### 周囲のニーズを聞き、解決することから始める

ステップ1でつくったイメージをプロトタイプ（試作版）として実際の活動でカタチにしていくのが、次の「ステップ2 仕立てる」です。

「仕立てる」段階で役立つのは、アメリカの起業家エリック・ソースが提唱する「リーンスタートアップ」というフレームワークです。

これは、スタートアップ企業が市場に受け入れられるサービスを生み出し、会社を

## 新規サービスが成長する過程のイメージ

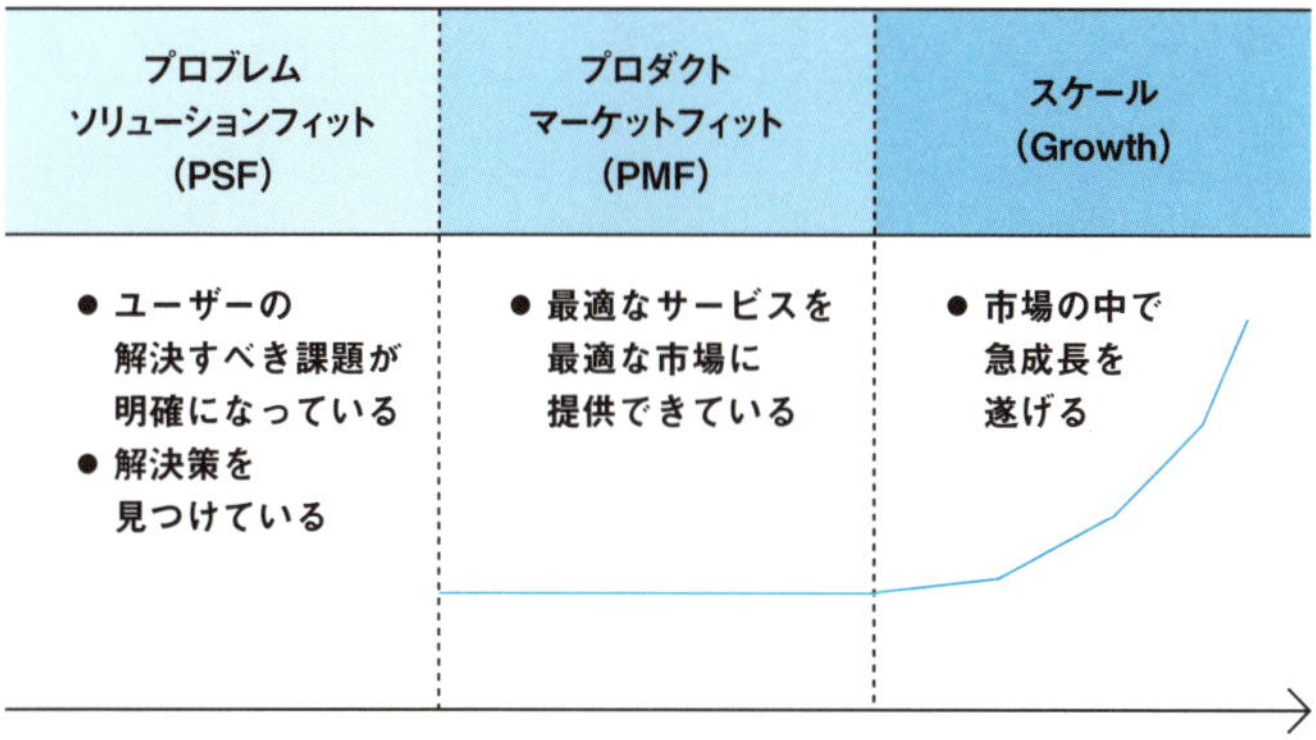

プロブレム
ソリューションフィット
(PSF)
プロダクト
マーケットフィット
(PMF)
スケール
(Growth)
● ユーザーの解決すべき課題が明確になっている
● 解決策を見つけている
● 最適なサービスを最適な市場に提供できている
● 市場の中で急成長を遂げる

出典:『リーンスタートアップ』(日経BP)を参考に著者が作成

大きく成長させるために使うものです。
93ページの図のようにサービスが成長する過程を大きく3つに分けて考えます。

①ユーザーの課題を明確にし、解決策をみつける「プロブレムソリューションフィット（PSF）」
②最適なサービスを生み出し、最適な市場に提供する「プロダクトマーケットフィット（PMF）」
③市場の中で可能な限り早く、大きな成長を遂げる「スケール（Growth）」

このうち、「プロブレムソリューションフィット（PSF）」という考え方は特に重要で、「解決すべき課題と、自分が用意できる解決策が合致しているのか？」という点を検証します。

「こういうサービスがあったらいいな」という声に基づいて複業を設計したとしても、いざ始めてみるとちっとも売れないということはよくあります。

**これはそのニーズが「かゆい」ほどのものでしかなく「痛い」ほど切実に解決が望まれるものではなかった、という見誤りです。**

「痛くてすぐにでも病院に駆け込みたいけど病院が見当たらなかった」というレベルの必要性が高いニーズであれば、すぐにお声がかかるはずですから。

この「かゆみか、痛みか」を見極めながら、〝複業試作版〟を仕立てていきましょう。

確実なのは、半径5メートルくらいの身近な人のニーズを聞き、解決することからのスタートです。

# ステップ3
# 「動かす」

## つくりあげた「複業試作モデル」をどんどん試す

最後に、「ステップ3 動かす」は、仕立てた〝複業試作版〟をどんどん回してブラッシュアップしていく。ニーズの熱量を探りながら、「いくらで売るのが適当か」と値付けも検証していきましょう（この詳しい方法は第7章で説明します）。

先に紹介した『リーン・スタートアップ』（日経ＢＰ）の中に、ＭＶＰ（Minimum Viable Prodouct）という概念が出てきます。

ついつい、心から納得のいく「完成品」を作り上げてから世に出そうと考えてしまいがちですが、時間もお金もかけられない複業の場合、「完成」を待っていてはいつまで経っても世に出せず、そのまま終わってしまうことも少なくありません。

複業だからこそ、時間とお金をかけすぎずに、まずは最小限で世に出せる「MVP」をつくり、実際に顧客に使ってもらうことを優先しましょう。

自分の友人や同僚に使ってみてもらったり、Facebook や Twitter、note などで発信してみることも、MVPの一つです。

「MVP」で重要なのは、Build-Measure-Learn（つくる→はかる→まなぶ）のループを回転させ続けること。顧客の課題を解決するようなソリューションになっているか？をしっかり測ります。そこで新たな課題や、さらにブラッシュアップすべき長所が見えてきたら、それを反映させてMVPをバージョンアップさせるのです。

こうして、つくる（Build）→はかる（Measure）→まなぶ（Learn）のループを回し続けることで、「試作品」だった複業が、どんどん「完成品」に近づいていきます。

さあ、複業を始めてみたくなりましたか？　その前に、ぜひお伝えしたいことがもう少しだけ。次の第4章では僕の例を含め、実際の複業事例を紹介します。

COLUMN 1

# 27歳 商社マンがエクセルYouTuberになったワケ
## ――「お金稼ぎよりも信頼を貯めたい」

大手総合商社の経理マンとして働く傍ら、Microsoft Excel の使い方をわかりやすく解説する動画チャンネル「おさとエクセル」を公開する〝商社マン兼エクセルYouTuber〟こと長内孝平さん（27）。

２０１７年９月までにアップした動画数は約70本、チャンネル登録数は４９３６と、この分野で独自の立ち位置を築く。就職人気ランキング上位に入る大手商社に入社しながらも、「ここにずっとしがみつく気はまったくない」と公言してきた長内さん。そのキャリア戦略とは？

## 長内さんに学ぶボーダレスワーカー術

- **上司に、先輩に、友人に、家族に、いつでも夢を語り続ける。**
- **「人の役に立つこと」を進んでする。継続してする。全力でする。**
- **本業でも自分のブランディングにつながる複業コンテンツを選ぶ。**

**西村創一朗（以下、西村）**：就職先として商社は候補だったんですか？

**長内さん（以下、長内）**：グローバルな仕事に憧れていたという気持ちはありましたが、先輩から「なんかお前、商社っぽいよ」と言われて、最初に内定もらったところに入りました。でも、当時も今も、一生ここで働くつもりはありません。

**西村**：YouTuberとしての活動を始めたのは入社する3カ月前だったと。動画撮影ってけっこう時間もかかるし、軽い気持ちではできませんよね。周りは卒業旅行一色の時期に、なんで始めようと思ったんですか？

**長内**：もともと起業家志向があって自分でコンテンツを作ってみたい、という気持ちがベースにありました。

あとは外的要因が大きくて、僕は大学でコーポレートファイナンスを専攻していて、エクセルでいろんな財務関数を使いながらモデリングをするゼミに所属していたんです。海外インターンを経験する中でも、「言葉で勝てなくても関数なら」と一生懸命勉強した結果、人よりできるようになったので後輩にも頼られるようになって。毎回マンツーマンで教えるのが面倒になったので「動画に上げておくから見て」と言えるほうがラクかなと（笑）。

**西村**：なるほど、たしかに（笑）。

## 自分の動画で生産性が上がるなら

**長内**：もう一つ大きな理由があります。アメリカ留学時代に10万円くらい使って海外のエクセルラーニングコンテンツを買い漁って勉強していたとき、たまたま出合ったコンテンツの一つに、画面の右下に常に講師の顔の映像が出ているものがあって、「これ、面白いな。日本にはないから同じようにやったらウケるんじゃないか」と思いついたわけです。

**西村**：素晴らしい！　孫正義さん的に言うと動画コンテンツのタイムマシン経営ですね。でも、そうはいっても就職したら忙しくなるし、やめてしまう人がほとんどだと思うのですが、長内さんはどうして続けていけたんですか？

**長内**：根底にあった、「人の役に立ちたい」という気持ちが強い人間だということが理由だと思います。国家公務員をやっていた親父の影響で、人のために尽くす生き方ってカッコいいなと憧れるようになって、学生時代も自分に何ができるのか、ずっと模索していました。

　スティーブ・ジョブズみたいな世の中を変える発明家に近い起業家になれたらすごいなと思いながら、結局行き着いたのは「困っている人にエクセルを教える」というごく些細なこと。でも、シンプルに周りの人が喜んでくれるし、自分が動画を作って公開することで世の中の人たちが生産性を上げてハッピーになってくれるんだったら、それはそれで嬉しいことだと思えたんですよね。

**西村**：ちなみにYouTuberとしての収入は？

**長内**：入らない設計にしています。

**西村**：これだけのチャンネル登録者数があれば、ある程度の収入源になると思うけれどあえてそうしない。

**長内**：本業の会社に対して「あくまで社会貢献的な活動としてやっています」と説明できる根拠にするためでもあるし、僕にとってYouTuber活動はお金を貯めるためではなく、信頼を貯めていくための位置づけなんです。実際、こうやって西村さんと話ができる経験そのものが価値なんです。

## やりたいことのための〝滑り止め的発想〟

「自分が世の中をよくするだけではなく、世の中をよくする人を増やす」というのが人生のミッションだと明言する長内さん。就職もYouTuberとしての活動も、そのミッションを達成するためのプロセスの一つにすぎないと考えているという。

**西村**：普通、大手総合商社に就職したら、「一生安泰だ」としがみつく人が多い中で、長内さんの場合は最初から〝滑り止め的発想〟で就職している印象がありますね。

**長内**：すみません。ぶっ飛ばされそうですね（笑）。

**西村**：実は最近の人事コンサルタント界隈では流行りのキーワードで、僕は「滑り止め的就活論」と呼んでいるんです。本当にやりたいことが明確にある。でも、それを実現するには時間がかかるし、準備期間を支える基盤や基礎スキルを鍛えるために、〝とりあえず就職〟するという。僕の古巣であるリクルートには昔から多かった志向ですが、最近は他にも広がっていて、特に2016〜17年卒の社員には顕著な傾向がある。

**長内**：僕の場合は、それほど戦略的に描いたというより、単純に「役に立ちたいから続ける」という思いが強かっただけだと思います。でも、結果として、本業の社内でもウケは悪くないんです（笑）。

エクセルYouTuberだってことはかなり知れ渡っていますし、今朝もこれから出社ですが、メールを開いたらまず「この関数、教えてください」という社内問い合わせ対応から仕事が始まるのがほぼ日課になっているんで。海外の駐在員からも来て追いつかないくらいの日も（笑）。

## 複業で広がる社内人脈

**西村**：すごい！　IT企業に勤めながら自撮《ジド》ラー活動をしているりょかちさんと同じく、〝社内キャラ化〟の複業術ですね。ということは、複業によって、社内人脈も広がっているんじゃないですか？

**長内**：それはすごくありますね。さらにいえば、業務として社内向けの勉強会を企画するにあたって「動画で作ってくれないか」というオファーまで来ています。

**西村**：そこまで想定していたんですか？

**長内**：少なくともエクセルというコンテンツであれば、バッシングは来ないだろうという予測はしていました。

**西村**：ナチュラルに緻密な戦略家ですよね。「複業を始めたいけれど何がしたいか見つからない」という人に向けて、「本業にも役立てることから探せ！」という教えにもなると思います。

今後はどういう活動を目指すんですか？

**長内**：僕みたいに本業以外に成し遂げたいことがある商社マンを集めてコミュニティを作りたいと思っています。やりたいことがあるのに踏み出せずにモヤモヤしている同年代って、結構いるんで。自己実現の欲求を発散できるきっかけを持てないまま、気持ちを持て余している若手は少なくないと思うんです。

**西村**：面白いと思います。だって、商社に就職するような人って、学生時代までかなりアクティブで多方向に発想できる逸材ばかりであるはず。

**長内**：商社勤めってルーティンで海外赴任もあるので、まずはオンライン上のFacebookでつながって、徐々にオフラインでの会合も企画していこうと思っていますす。先日、試しに6人くらいで集まってみたんですが、結構盛り上がりましたよ。

**西村**：いいですね。新しい商社マンの働き方、ぜひ開拓していってください。コミュニティづくりは僕の専門分野でもあるので応援していきますよ！

## POINT 西村創一朗の「複業ポイント」

総合商社の会社員として働きながら、エクセル専門のYouTuberとして活躍する長内さん。

旧来の価値観からすれば、「会社員という立場でありながら、副業なんぞにうつつを抜かしているだなんてけしからん。本業に集中すべき」といったそしりを受けていたことでしょう。

ところが長内さんは、「YouTuber活動はお金を貯めるためではなく、信頼を貯めていく」ためにやっていると話されていた通り、副収入を得るためにやっているのではありません。人の役に立ちたい、信頼を貯めて影響力を高め、より多くの人の役に立ちたい、という一心で複業に取り組んでます。

結果、インターネットの世界で多くの支持を集めるだけでなく、社内からも「エクセルのことなら長内に聞け」という確固たる信頼を獲得しています。

こうして複業を通じて誰かの役に立ち、社内外からの信頼を貯め続けていくことが、将来社内で大きなプロジェクトを動かす際にも、間違いなく大きな原動力になるはずです。

「商社マン」として、あるいは個人として、会社の枠にとらわれずに、長内さんがどんなチャレンジを仕掛け、世の中に影響を与えていくのか、今から

楽しみでなりません。
　長内流の働き方が、10年後には商社マンの働き方のスタンダードになるはず、と確信しています。

**長内孝平**：1990年、宮城県仙台市生まれ。神戸大学経営学部在学中に、米ワシントン大学に留学。卒業後、大手総合商社入社。経理部に所属し、日々の業務をこなす傍ら、大学を卒業する半年前からスタートしたYouTubeチャンネル「おさとエクセル」で動画を展開し、注目を集める。2018年7月退職。同年8月会社設立。

※このコラムはウェブメディア「Business Insider Japan」に2017年9月に掲載された対談を再編集したものです。ゲストの所属、コメントなどは取材時の内容をもとにしています。
ライター・エディター：宮本恵理子、写真：竹井俊晴

# 第4章

# 実際に複業をして分かった5つのコツ

複業のコツ1

# 複業は身近で小さな一歩からはじめる

ここまで「複業の始め方」を理論ベースでお話ししてきました。

ここからは実践編。

具体的な体験談から、そのプロセスを追ってみましょう。

ここで伝えたいのは、〝複業のはじめの一歩〟はとても身近かつ小さなステップで大丈夫ということです。

**むしろ小さな歩幅で始めるほどに成功確度は高まります。**

「複業を始める」というと、念入りな準備やそれなりの覚悟が必要だと考えがちなのですが、決してそんなことはありません。
何を隠そう、僕自身が会社員時代に複業を始めたきっかけは、「キャリアプランのつまずき」でした。

## 新卒で配属された部署は、必ずしも自分のやりたい仕事ではない

小学生の頃に父と離別し、女手一つで母に育ててもらった僕は、大人になるまでにさまざまな社会の歪みを自分事として経験し、「日本の世の中をもっと明るくしたい」「将来の自分の子どもたちが希望を持てる社会にしたい」という思いを強く抱いていました。

そして、学生時代から、NPO法人ファザーリング・ジャパンに学生インターンとして参画し、父親の育児支援活動もしていました。

また、後にワーク・ライフバランス代表となる小室淑恵さんの勉強会に参加し、「働き方を根本から変える事業をゼロから起こす仕事にチャレンジしたい」という夢を膨らませていたのです。

しかしながら、当時の僕にはゼロから事業をつくるスキルやアイデアはありません。そこで、まずはしっかりと事業開発の力を身につけられる会社に行こうと、人材紹介最大手のリクルートエージェント（現リクルートキャリア）に就職したのでした。

同期14人の配属先はほぼ全員が営業部門。

新人はまず営業で仕事の基本を身につけよ、というよくある会社方針です。

それ自体には僕も納得し、「よし、3年くらい営業で実績を積んでから、事業開発部門に異動を願い出よう」と目標を描いていました。

ところが……。

入社して数カ月経ったある日、僕はある事実に気づきました。

周りを見渡してみると、営業で頑張って成績を出した先輩は皆、〝営業畑〟の出世コースを進んでいるという事実に。

つまり、営業リーダーから営業マネジャー、営業課長から営業部長、さらに営業本部長、そして営業担当役員というコースを歩んでいくのです。

**目の前の仕事を頑張れば頑張るほど、営業マンとして評価され、営業マンとしてのキャリアのハシゴを上に、上にと登っていく。**

稀に異動で別の職種のハシゴに飛び移れることもあるものの、それは本当にレアケースでしかない。

僕が本当に登りたい事業開発のハシゴと、今足をかけている営業部門のハシゴは別物なのだ。

しかも、この2本のハシゴは、簡単に飛び移れる距離に置かれていないもの、ということに気づいたのです。

**運良く異動できたとしても、いつになるかはまったく分からない。**そのときが永遠に来ない可能性のほうが高い。そう考えると、僕は会社にいる意味を見失いそうになりました。

## 転職ではなく、本業をしながらやりたい仕事に近づく

転職するしかないのか――。

そんな迷いがよぎった頃、スタートアップを立ち上げたばかりの知人から「役員として参画しないか」という誘いを受けました。

会社規模は小さくても事業開発の経験ができるのなら、そのほうが目標への近道なのかもしれない。

そう思った僕は、転職する気持ちを半分以上固めて妻に転職を相談したのですが、思いがけず大反対を受けました。

「あなたは本当にリクルートでやりたかったことをやり遂げたの？ 中途半端な動機なら、私は賛成できない」

僕は反論できず、しぶしぶ転職を断念。

当時は「くそー、なんで止めるんだよ」と、〝嫁ブロック〟を受けたくらいの気持ちでいましたが、今考えると妻の意見はごもっとも。その後の僕にとってプラスにしかなりませんでした。

嫁ブロックどころか、〝嫁アシスト〟だったのです。

転職という選択肢がなくなった僕が次に考えたのは、「本業で成果を出しながらも、事業開発のトレーニングとしてできることを探そう」というアクションでした。

今思えば、これが僕の複業への第一歩なのですが、当時は「複業」という発想もなく（「副業解禁」の議論すら生まれていない時代でした）、ただ自分の活路を見出すための行動だったのです。

具体的に何を始めたのか。

僕の場合は「ブログメディア」でした。

なぜなら、ブログメディアは僕にとって最もハードルが低く、〝得意〟や〝好き〟を活かせるアクションだったからです。

## 複業のコツ2

# 「無理なくできること」だけに特化する

僕はいつも、「複業においては、苦手なことは一切やらなくていい」と伝えています。

**自分発で自分らしい人生を実現するために始めるのが複業であって、苦痛や我慢を伴うものであってはいけません。**

好きなことや得意なことだけに特化できるのが複業の最大のメリットなのだから。

もし、「好きなことや得意なことを絞るのが難しい」と思うのならば、「無理なくできること」という視点で考えてみると、より取っつきやすいかもしれません。

就職活動も複業も、やろうと思えば選択肢は無限です。

その中から選び取るには、「制限条件を設定する」と答えを見つけやすくなります。

例えば僕が複業をはじめたときの制約は3つ。

一つ目はお金の制約です。

**僕は早くに結婚し、社会人になったときには家族を養う立場だったので、自由に使えるお金に制限がありました。**

その額、月1万円。家計から割り振られた1日あたり500円以下のお小遣いの中で、自己実現のためのコストもまかなう必要がありました。

ということで、この原資をほとんど削らなくて済む「超ローコストな複業」だけにすると決めました。すなわち、仕入れや在庫の管理費用やランニングコストがかさむ複業を選択肢から外したのです。

次に、時間の制約です。

前述の通り、家族持ちであった僕には、新人からハードに鍛えられることで有名なリクルートでみっちり働いた後にも、自宅では家事・育児が待っています。

唯一、僕に許されたフリータイムは、自宅の最寄りの多摩センター駅から職場最寄りの東京駅までの通勤時間のみ。

**「片道1時間半、計3時間の通勤時間の中で完結できること」というのも条件に加わりました。**

3つ目に決めた条件は「いつでも自分の意思一つでやめられること」。

これが最も重要だったかもしれません。

僕の場合、本業が忙しくなって、複業の継続が難しくなることも十分に予想されました。そのケースに備えて、「いつでもすぐに一時中断や終了を決定できる」という条件は外せませんでした。

したがって、誰かに雇われたり、厳密に納期を守らなければ成立しない仕事を受けたりという形式では持続可能率が下がると判断。

**すべて自分の判断でコントロールできる活動は何か?と考えました。**

## 条件を先に考えるからこそ、早く始めて長く続けられる

これら3つの条件すべてをクリアしたのが、「ブログ」だったのです。

ブログであれば、初期費用もほとんどかからず、ランニングコストもほぼゼロ。毎日更新するとしても、通勤往復の3時間以内で作業は完了できます。中断も自由。「お金をかけない」「時間をかけない」「いつでもやめられる」という3つの制約条件をクリアした、という決定プロセスを踏んだことで、「これなら続けられる！　続けるぞ！」と僕の覚悟も決まりました。

思いつきでパッと手を出したのではなく、始めるための条件を一度整理してからの選択だったので、いざ始めた後は脇目もふらずに没頭できたのはとてもよかったと思います。

**「何を始めたらいいか分からない」という時には、まず「これは無理」という制約条件からレンジを狭めていくというのも手です。**

制約条件を2つか3つ掛け合わせると、自然とできることは絞られてきます。制約があるからこそクリエイティビティが生まれる。これも真なりと、僕は思います。

もう一つ、ブログを始めるにあたって最終的に僕が自分にゴーサインを出せた理由は、それが僕の〝得意〟を活かせる活動だと思えたからです。

そう確信できる体験があったのです。

複業のコツ3

# 自分のハンディキャップから、できることを考え抜く

リクルートエージェントに内定が決まって、入社するまでの間、僕は「どうしたら入社1年目から、役立てる人材になれるか？」ということをずっと考え続けていました。

**他の同期がいくらでも残業できる中、僕はただ一人、時間に制約があるというハンディキャップを背負っての社会人スタート。**

今ではそのハンディキャップは仕事に必要な能力を鍛えてくれる「筋肉養成ギプス」だったと全肯定できるわけですが、当時の僕は切実で必死だったのです。

人よりも2倍、3倍、成果を出せる人間であることを早くアピールできるようにな

りたいと、本気で考えていました。

その結果、ひねり出し、配属初日から始めた行動が二つ。

一つは、「日刊創一朗」の配信です。

「日刊創一朗」とは、僕が学生時代から日課にしていた日経新聞の熟読と、今はなき「グーグルリーダー」という情報収集ツールを使って気になるニュース記事を集めて保存する習慣を活かした「業界ニュースダイジェスト」です。

僕の配属先が、できたばかりのインターネット業界向けの営業部だと分かった時点で、「所属する部の先輩たちがどんな情報を欲しているのか？」と考えてみました。

インターネット業界の人材市場が活発になり始めたばかりの頃で、部内でも業界を熟知している人はまだ少なそうだと感じとった僕は、「自分の勉強のために収集した情報を、部のメーリングリストで配信したら、きっと喜ばれるんじゃないだろうか」と思いついたのです。

さっそく、挨拶したばかりの上司に相談して第1号を配信しました。

といっても、決して大それたものではなく、「インターネット業界」について参考になる記事を集めて、そのタイトルと本文の一部抜粋、URLをコピペして、ずらり並べるだけのシンプルなもの。

今でいう〝キュレーションメディア〟を自前で作っていたようなものでした。

これが配信初日からなかなかの好評で、忙しい先輩たちから「効率よく情報収集できるから助かるよ」と重宝してもらえました。

そのうち評判を聞いた隣の部署から「うちにも送ってよ」と要望され、配信先はだんだんと部門全体へ、そしてついに総勢1000人以上（当時）の全社向けに配信されるようになったのです。

## 「誰にでもできるけれど、誰もやらないこと」を見つける

このとき、僕がやっていたことは決して難しいことではありません。

**むしろ、世の中にすでにある情報を拾って編集するだけという、誰でもできることだったと思います。**

でも、誰もやっていなかった。

きっと、ちょっとの手間と時間がかかることだったからでしょう。

でも、ほんの少し自分にハッパをかけて、その小さなハードルさえ越えてしまえば、新人の僕でも「誰もやっていない価値を生み出せる人間」になれる。

これは僕にとって、大きな成功体験となりました。


もう一つ、僕が配属初日に実行したことがあります。

それは、インターネット業界に関する本を10冊ほど読み、そのエッセンスをまとめて、「ネット業界を知る7つのキーワード」というパワーポイント資料を作って上司に渡したのです。


そして、こう付け加えました。「この資料をもとに、部内で勉強会を開催させてください」。

「日刊創一朗」が日替わりの〝フロー型情報発信〟だとすると、これは定型の資料をベースにした〝ストック型情報発信〟です。

以降、多いときで週に1回のペースで部内で勉強会を主催して人前で話しながら学ぶ場を踏み続けて数カ月、だんだんと「西村の勉強会はわかりやすいし役に立つ」と評判になりました。

**すると、他部署からもオファーをもらい……と、僕自身が「アウトプット⇅インプット・サイクル」を回す絶好の機会がつくられていきました。**

自発的に資料をつくり、社内勉強会を主催

# ネット業界7つのキーワード

第1営業部統括部3部1グループ
西村創一朗

↓

誰でもできるけれど、誰もやっていないことに
ちょっとの手間をかけ、価値を生み出す

複業のコツ4

# 自分の強みを活かして「キャリアタグ®」をつくる

そのうち、他部署のメンバーから「個別に聞きたいことがあるから、今度ランチさせてよ」と誘われたり、「はじめまして。インターネット業界について質問なのですが……」と面識のない人からメールをもらったりと、ありがたいことに、1年目の新人の僕の社内認知度は急速に上がっていきました。

メルマガと勉強会によって「インターネット業界といえば西村」という存在として認知されたことで、一気に社内ネットワークが広がっていったのです。

**プロノバ代表の岡島悦子さんは、個人の成長戦略において「○○といえば西**

**村」といった〝キャリアタグ®〟を備えていくことの重要性を説き続けています。**

このとき、まさにこのタグ付け効果が、僕が立っていたステージを押し上げてくれた実感がありました。

ここで強調したいのは、「日刊創一朗」も勉強会資料も、僕が無理なくできることだから始められたという点です。

第3章でも紹介した「ストレングスファインダー」を、あなたは受けたことはあるでしょうか？　実は、僕はこれを学生時代に受けていて、一番の強みとして弾き出されたのが「収集心」でした。

つまり、情報を集めるのがオタク的に好きで得意なのです。さらに集めた情報を独自の視点で編集し、それに対して何を思うのか、自分なりのコメントをするという力も意識的に鍛えてきました。

話をグルッと、ブログを始めた時点にまで戻すと、これらの情報発信の成功体験があったので、僕にとって「本業以外でできる事業開発トレーニング」としてブログを始めることは、「今日からでも始められる」と思えるくらいのことだったのです。

「そう言えば、先輩からも『西村が送ってくれるやつ、面白いから社内だけじゃもったいないよ。社外向けにも何かやれば』と言われたしな」

それくらい自然な流れで、スタートできることでした。僕にとっては。

逆に言えば、ブログは「誰にでもおすすめできること」ではありません。

**人それぞれ、無理なく始められることは違う、と心得てください。**

ということで、入社3年目の5月に西村創一朗のブログメディア「NOW OR NEVER」はスタートしました。

僕にとって、入社して以来初めての社外に向けた情報発信活動です。

目的は事業開発のトレーニングだったので、やるからにはきちんとやりました。コンセプトに合ったブログタイトルを決め、ロゴデザインもプロに発注しました。

個人が全世界に向けて発信できるマイクロメディアとして、どういうターゲットに、どういうコンテンツを、どういう記事タイトルで配信すれば読んでもらえるのか。

例えば商品紹介をした時には、どういう文脈でどういう位置づけで紹介した時によ り売れるのかなどなど。

**ひたすらPDCAサイクルを回しながら、本業では得られない学びの場を自分で開拓していきました。**

実践から得られる学び、それも、ずっとやりたかった事業開発についての学びが得られることが面白くて、毎日の通勤時間を濃密に過ごしていました。

当時の記事には例えば「毎日定時に帰りたかったら、辞書登録機能を使い倒しなさい。」や「日経新聞電子版を解約して、NewsPicksで定期購読をはじめてみた結果。」といったものがありました。

## 複業でやりたい部署に移るチャンスが得られる

ブログを続けて数カ月経つ頃には、「営業部門にいる入社3年目の西村っていうヤツがブログをやっていて、結構面白いらしい」と社内でも知られるように。

そんなある日、新規事業開発部門の担当役員とランチに行く機会を頂きました。役員としても情報収集のつもりだったのだと思いますが、話の終盤、ついに僕が待っていた問いが降ってきたのです。

「創ちゃんさ、これからどんなことをやってみたいの？」

僕は、すかさず答えました。

「新規事業開発をぜひやりたいです。例えばこんなアイデアを考えています」

僕の意見を面白そうに聞いてくれた役員は、僕のことを覚えてくれていて、その後新規事業開発に特化した部署をつくる際、僕を社内ヘッドハンティングしてくれたのです。

念願かなって入社4年目の4月、複業を始めてから11カ月後に、僕は新規事業開発部門へと異動することができました。

絶対に飛び移れないと思っていたハシゴへ、……飛び移れた！

そのことに誰よりも僕が驚いていました。

気づけば、「営業部門で3年鍛えてもらった後に事業開発部門に異動したい」という当初の願い通りのキャリアコースに進んでいたのですから。

**交わることのないハシゴとハシゴをつなぐブリッジになってくれたもの。それがまさにブログという社外活動＝〝複業〟だったのです。**

僕が複業の素晴らしさを全身全霊で訴え続ける背景には、複業によって僕自身のキャリアが大きく方向転換されたという体験があるのです。

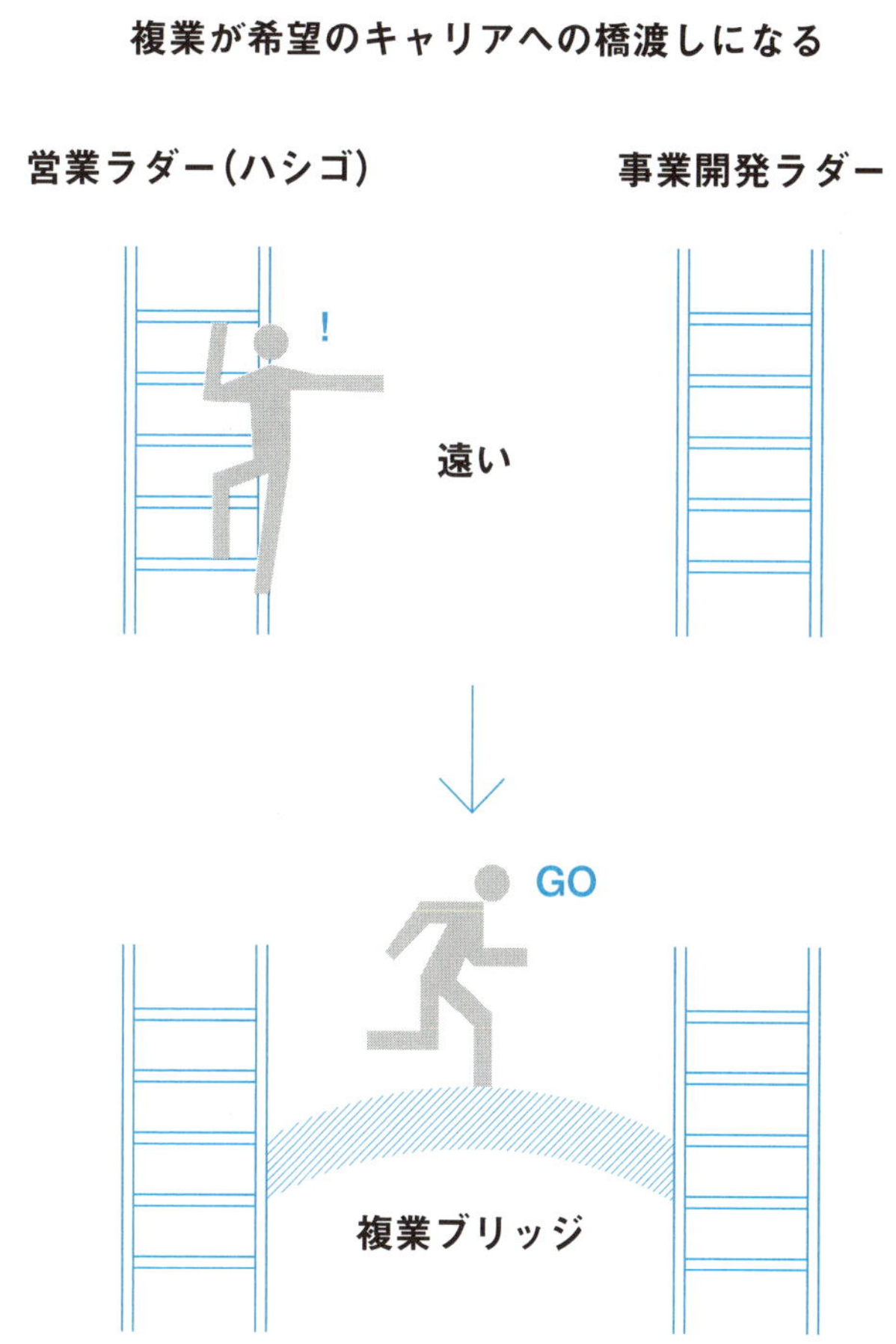
複業が希望のキャリアへの橋渡しになる
営業ラダー(ハシゴ)
事業開発ラダー
!
遠い
GO
複業ブリッジ

複業のコツ5

# 半径5メートルのニーズを聞く

このように話すと、僕の体験は、たまたまうまくいった成功談のように聞こえるかもしれません。

でも、最初の最初まで遡れば、僕がやったことは「誰にでもできるけれど、誰もやっていないこと」でした。

そして、そのアクションの範囲も社内の自分が所属する部署の中で始めるという、非常に狭い世界でのスタートです。

**実は、これこそが〝複業こと始めの極意〟。複業を始めるコツを聞かれたら、**

**僕はとにかく「半径5メートル以内のニーズを聞け」と伝えています。**

その円を描く場所は、本業の社内であるのがベターです。

なぜなら「同僚」という立場はほどよい距離感で、的確なフィードバックをくれます。お互いに仕事で成果を出したい関係性なので、本当にいいものは「役立ったよ」と評価しますが、足りない点については「もっとこうしたほうがいい」とアドバイスをくれます。

社内で評価された後に、「それは社外でやっても喜ばれるんじゃないの?」と言われるようになったら、チャレンジの幅を広げるときです。

つまり、とても着実なステップで、複業の準備ができるのが〝社内複業〟のメリットです。

## 目の前の仕事を工夫することが、複業につながることもある

この「半径5メートル理論」について深く頷いてくださったのは、〝プレゼンの神〟として知られる日本マイクロソフト業務執行役員の澤円さんです。

数々の大型案件を決め、現在はプレゼン指導の依頼が殺到する澤さん。

その澤さんが、プレゼンの第一人者となる道のりも、実は極めて狭い範囲での一歩からだったそうです。

前職の会社でシステムエンジニアとしてキャリアをスタートさせた澤さんは、「文系出身でＩＴのことが分からない自分のための自主的勉強をするしかなかった」と言います。

**そして、難解な用語を自分にとって分かりやすい言葉に変換しながら勉強してきた結果、社内で「あいつの説明は分かりやすい」と評判になったのです。**

１９９７年にマイクロソフトに転職してからは、説明に行った先のクライアントに「今の話が面白かったので、うちの上司にもう一度プレゼンしてください」という展開が頻発し、社内でのカンファレンスに登壇する機会も増えていったそうです。

その場で評価される社内プレゼンスコアで上位の常連になっていたという澤さん。

いわく、「**僕自身が元素人だったので専門用語は使わず、どうやったら分かってもらえるかだけを考えていたんだよね。**何を話すかよりどう話すかを大事にしていたから、『分かりやすい』と思ってもらえる人が多かったのだと思う」。

ここまでは社内での活動に収まっていた澤さんですが、同じカンファレンスに登壇していた同僚の女性から、「私の夫が立ち上げた教育系の団体でプレゼンのセミナーをやってくれない？」と頼まれたのがきっかけで外部提供デビュー。

そこから書籍出版やメディア出演など、活躍の場がメキメキと広がっていった——。

そんな話を僕にしてくださいました。

〝プレゼンの神〟のはじめの一歩が、半径5メートルどころか「自分のため」の勉強だったというのは、とても勇気づけられるエピソードです。

以上、複業の実際のプロセスをたどると、意外なほどに身近な印象を受けるのではないでしょうか。

**そう、誰にとってもチャンスはある。そのチャンスが隠れている場所は〝遠くのどこか〟ではなく、あなたの〝すぐそば〟なのだと覚えていてください。**

COLUMN 2

# プロスポーツ選手も複業時代――女子サッカー・永里優季さんが会社をつくった理由

日本女子サッカーリーグで活躍後、海外へ移籍し、独ブンデスリーガで得点王にも輝いた永里優季さん（30）。日本代表FWとしては、これまで通算１３２試合出場で58得点を挙げ、２０１１年ドイツワールドカップでの優勝へと導いたミレニアル世代のトップアスリートだ。現在は米シカゴを本拠地にボールを蹴る永里さんだが、選手として現役のまま会社を立ち上げたという。その思いを、生粋のサッカーファンでもある複業研究家・西村創一朗が聞いた。

## 永里さんに学ぶ、ボーダーレスワーカーの仕事術

- **情熱を周りと共有する。**
- **興味があることには飛び込んでみる。**
- **人に会って刺激を受け取る。**

**西村創一朗（以下、西村）**：永里さんといえば、なでしこリーグの第一線で活躍して、日本女子サッカーの黄金期を牽引し、海外移籍されてからも活躍されていますが、2017年6月に会社を立ち上げたんですよね。引退後のキャリアではなく、現役選手と並行してのパラレルキャリア。これからどんなことをやっていくんですか？

**永里さん（以下、永里）**：私が帰国中にパーソナルトレーニングのクラスを提供したり、アスリートの経験を活かせるイベントや講演をやっていきたいと思ってます。

**西村**：アスリートが第二の活動を始めるというと、マネジメント事務所に所属してメ

ディアに出演するパターンが多かったかなと思うのですが。

**永里**：女子サッカー界に貢献するために新しいことにチャレンジしたいと思ったときに、自ら発信できる立場になりたいと考えたんです。タレント活動だとどうしても受け身で消耗されるリスクもあるし、本当にやりたいことは実現できない。アスリートこそ、メッセージを発信すべき存在だと思っているので。経済的な面も含めて自分で価値を高めていける道をつくることが、子どもたちの目標にもなれるかなって。

## 社名に込めた「情熱の連鎖を」という思い

**西村**：まさに、アスリートって〝生きるメディア〟ですよね。社名の「ライデンシャフト」はドイツ語で「情熱」。これに込めた意味は？

**永里**：いやもう、この世には情熱が足りないって思ったんですよ（笑）。何事も情熱がないと成し得ないじゃないですか。ワールドカップ優勝をかなえたチームにも情熱があったと思っていますし。

ただ試合に勝つためにプレーするのではなくて、「試合を通じてどういうメッセージを観ている人に発信していくか」まで考えるべきだという気持ちでやってきました。

一方で、自分の情熱の高さと周囲との間に温度差を感じることも多々あって。もっと情熱あふれる世界にしたいという思いを込めて、この社名にしました。情熱の連鎖、みたいなものって絶対あると思っているので。

**西村**：いずれ監督として「情熱ジャパン」を率いる目標とか？

**永里**：うーん、直近はないです（笑）。私自身がまだまだ現役でやる気なので。少なくともこれから10年、40歳までは海外で頑張ると目標を立てたんです。〝熟女プレイヤー〟目指します（笑）とFacebookに書いたら、「はえーよ、熟女」って突っ込まれましたけど。

**西村**：株式会社という形を選んだのにも理由があるんですか？

**永里**：個人事業主だと結局は自分のための活動に止まってしまうけれど、会社にしたら社員も雇えるので、私以外の選手や後輩たちのやりたいことを支える場にもできるんじゃないかと思いました。

## まずエクスプローラーになろうよ

**西村**：アスリートの中にはけがで選手生活を断念せざるを得ない方もいますよね。引退後のセカンドキャリアの可能性を広げる意味でも、永里さんのチャレンジの価値は大きいと思います。周囲の反応はいかがですか？

**永里**：興味は持ってくれますね。でも、実際に自分が何かやるとなると「サッカー以外に何もできない」「やりたいことが思いつかない」と自信を持てない人が多いんです。

**西村**：おそらく、他に何ができるのか考える機会がないだけじゃないですか。サッカーも野球も、日本では「スポーツ選手たる者、その競技に一意専心すべし」と叩き込まれる。「こんな選択肢があるよ。あなたは何がしたい？」と問われる機会さえあれば、もっとキャリアが広がるはずだと思います。

**永里**：私の場合、現役中からいろんなことに興味を持つようになったというのが大きいですね。「サッカー以外でやりたいことを探そう」と意識していたわけではなくて、純粋に興味があることに飛び込んでいったり、ブログで発信してみたりした延長に今の活動があるんですよ。自然とつながっていくから、とにかく興味を持てることに飛び込むアクションが大切な気がする。

**西村**：人生100年時代の生き方を論じてベストセラーになった『LIFE SHIFT（ライフシフト）』にもあったように、これからはアスリートも選手活動をしながら会社を経営するパラレルポートフォリオワーカー的働き方が一般的になっていくと思います。

同時に、そこにたどり着くまでには「エクスプローラー」、つまり探索をする時期が必要なのだと。永里さんは「まずはエクスプローラーになろうよ」というメッセージを発信しているのだと思います。サッカー以外のことにもアンテナを張ることになったのは、何がきっかけだったんですか？

**永里**：いつだろう？　多分、結婚したことは大きかったと思います。それまでは私、自分のルーティンを崩したくなくて練習以外はほとんど家に籠っていましたから。人と会うのも嫌いでした（笑）。

**西村**：ええー！　今のイメージと真逆ですね。でも、たしかにブログの文章など拝見すると、哲学的な思考をする方でもあるんだという印象もありました。

**永里**：内向的なんです、もともとは。でも元夫は家にいろんな人を連れてくるタイプだったので、強制的に人と会う機会が増えて、自然とアンテナが立っていったという感じでした。

## 人の思考が入ることで自分の思考が進化する

**西村**：ということは、「強制的に外の世界に連れ出す」のが有効だと？　リディラバという事業をやっている安部敏樹さんは高校生や大学生を社会問題の現場に連れ出して「こんなことが起きているんだ」と開眼させる活動をしているんですが、まさにそのアスリート版のようなことをやれば。

**永里**：それいいかも。まずは知る機会が必要ですね。

**西村**：アスリート思考を求める企業の潜在ニーズも掘り起こせると思いますよ。2016年に、Jリーグの優勝経験チームの選手たちを中心に某通信大手企業の社員に向けて、トップを目指す心がけについて話してもらう場があったそうですが、お互い有益な刺激の交換になったそうです。ライデンシャフトの事業の一つとして、「アスリートをフィールドの外に連れ出す」というのをぜひ。

**永里**：いいアイデア！

**西村**：サッカー好きなんでつい（笑）。

**永里**：私自身の経験からも、異なる分野の人と積極的に関わることは自分の成長にとって必要だと思います。人の思考が入ることで、自分の思考が進化していく。人に会うことほど自分を成長させる手段はないなって思っています。

**西村**：自分のビジョンを人に話すことで思考が整理されるし、「だったらこれができるよ」と言ってくれる仲間も増えていきませんか？

**永里**：増える。本当にそう。

**西村**：一方で、「サッカーに専念したほうがいいのでは？」という無言の批判みたいなものを感じることはないですか？

**永里**：ないですね。もしあったとしても、もう気にならないと思う。今は幸せなので。自分がやりたいことができていることがとても。

**西村**：そう思えない時期があったんですね。

**永里**：私の分岐点は明確で、２０１３年なんです。２０１１年にワールドカップで優勝して、２０１２年にロンドン五輪で銀メダル獲って、翌年にドイツで得点王にもなって、ひと通りの目標を達成してしまった。20代半ばで、次に何を目指していいか分からなくなったんです。そこからずっとモヤモヤしていて、２０１７年の５月にケガを抱えた状態でアメリカのリーグに移ったら、サッカーができる日常そのものに感謝を深く感じられて。

サッカーに限らず、日常に起きるすべてのことに心を込めようと思たら、心がスッキリと整って、他人の評価も気にならなくなったんです。「やりたいことがあるなら挑戦したらいい」というアメリカの空気が私を変えた部分もあるかもしれませんね。

## 自己表現の価値を広げる形での複業

**西村**：永里さんはお兄さんの影響でサッカーを始めて才能を見出され、お父さんの熱心な指導でストイックに練習をしてきたと。ブログの発信を始めたのは高校生の頃。きっと、ずっと周囲の期待に応えて結果を出してきた人生から、徐々に〝自分自身の表現〟へとシフトしてきたのでは。今、周囲の期待に応えて結果を出すアスリートの永里優季と、会社を設立して自己表現の価値を広げようとしている永里優季が〝複業〟という形で合流しようとしている。

**永里**：まさにそうだと今気づきました。西村さん、スゴい！

**西村**：よかったです（笑）。最後に、ライデンシャフトで実現しようとしている長期目標を教えてください。

**永里**：いずれはアカデミーやクラブチームをつくれたらと思っています。アカデミーは海外移籍のステップと位置づけて、世界で勝てるチームを育成したい。海外移籍にもれた選手も国内のクラブチームで活躍してもらう。地域とも連携して貢献できるようなチームにしていきたいです。日本女子サッカーがまた世界のトップになれるよう、自分の経験を活かせたら嬉しいですね。

**西村**：カッコいいですね。40歳まで現役で活躍しながら、次世代女子サッカーのための土台づくりを目指すなんて。

**永里**：これは、やらなければいけないこととしてやります。純粋な個人の興味として始めたのは合気道。今日もこれから教室に行くんですが、合気道の「相手の心を読む」技術から学べることは多そうだなと。今朝は英会話のクラスも受講してきたんですよ。

**西村**：貪欲に吸収する永里さんのこれからが楽しみです。何より、心から楽しそうな表情がいいですね。永里さんの情熱の伝播を応援しています。

POINT

## 西村創一朗のパラレルキャリア分析

サッカー部出身のサッカーファンとして、「複業研究家」として、一度お会いしてみたいと思っていたのが、本田圭佑さんと永里優季さんでした。

お二人の共通点は、世界の最前線で活躍するトッププレイヤーでありながら起業し、「パラレルキャリア」に挑戦していること。会社員ですら「本業に専念せよ」という逆風が強い中、プロアスリートは「競技に一意専心すべし」と批判の対象になりやすい。競技でパフォーマンスが下がると、「競技以外にうつつを抜かしているからだ！」というバッシングが決まって出てきますが、果たしてそれは真実なのでしょうか。

お話を伺って改めて「永里さん以上にサッカーに情熱を注いでいる人はいない」と感じました。プロアスリートとして最大のパフォーマンスを上げるために鍛錬を怠らず、最先端のテクノロジーを活かしてコンディションを整えるだけでなく、プライベートの時間に「サッカーの未来に向けた貢献活動」を展開しているのです。ある意味、サッカー一本で活動している選手よりも、サッカーに専念していると言えるかもしれません。

トッププレイヤーとして培ったことをビジネスに応用し、ビジネス活動で得た刺激や気づきをサッカーにも積極的に取り入れていき、プレイヤーとし

ても非連続に成長し続ける。それぞれの活動が交わらない平行線の「パラレルキャリア」ではなく、それぞれの活動が相乗効果を生み出す螺旋形型の「スパイラルキャリア」を実践されている。

永里さんのような、スパイラルキャリア型のアスリートが今後はどんどん増えていくことを予感させられる、素敵なお話でした。

**永里優季（ながさと　ゆうき）**：１９８７年神奈川県生まれ。６歳からサッカーを始める。２００４年に日本代表に選出。２０１０年、独１．ＦＦＣトゥルビネ・ポツダムに移籍。２０１１年、ワールドカップ優勝（６試合出場１得点）。２０１２年のロンドン五輪で銀メダル。同年、ブンデスリーガ得点王。その後、英チェルシーレディース（ＦＣ）、独ヴォルフスブルク、１．ＦＦＣフランクフルトでプレー。２０１７年５月より、米シカゴ・レッドスターズでプレーする傍ら、６月に日本国内で株式会社ライデンシャフトを設立。２０１８年10月には豪ブリスベン・ロアーに移籍。サッカー日本代表ＦＷとして通算１３２試合出場で58得点を挙げる（２０１２年から15年までは大儀見優季名で選手登録）。

※このコラムはウェブメディア「Business Insider Japan」に
２０１８年１月に掲載された対談を再編集したものです。
ゲストの所属、コメントなどは取材時の内容をもとにしています。
ライター・エディター：宮本恵理子、写真：竹井俊晴

# 第5章

# 複業が失敗してしまう3大パターン

## パターン1

# 「簡単にお金稼げます詐欺」に引っかかってしまう

この章では、複業でよくある〝失敗〟について、典型的なパターンと予防策についてお伝えしたいと思います。

**「副業解禁」の時流の中で、ちょっと危ない便乗商法などが増えているのも事実。**

また、「二兎を追う生き方」に慣れていない日本社会においては複業によって生活に無理が生じるリスクも少なからずあります。

複業で後悔しないためにも、必ずチェックしてください。

### ラクして稼ぎたい、という欲で騙される

「とりあえず手近な複業から始めて、ラクしてお小遣い稼ぎができたらラッキー。うーん、やりたいこともすぐに浮かばないから、ネットで『副業』と検索してみようかな……」

**そんな〝ラクして稼ぎたい〟だけの動機で複業を始めるのは非常に危険。**油断していると、ネットにあふれる「副業詐欺」に、引っかかってしまいます。

試しにちょっと検索してみると分かります。

「未経験でも、学生でも、月〇万円も夢じゃない！」といった美味しいキャッチに乗せられてみたものの、ふたを開けてみれば、いかにも怪しい情報商材やネズミ講まがいのネットワークビジネスだったという事例が世にあふれています。

人間誰しもできるだけラクをしたい生き物。

「ラクして痩せたい」という人がダイエット商法に多額のお金を支払ってしまうのと同じように、「ラクして稼ぎたい」という欲求につけ込まれて損害を受ける人が後をたちません。

副業詐欺の被害に遭った若者たちの実状は、僕の耳にも入ってきています。

実際、僕が運営する複業家コミュニティ「HARES COMMUNITY」のメンバーでもある弁護士の稲田遼太さんは、副業詐欺による破産手続きを複数件手がけたそうです。

「まず、『誰でもラクして稼げます！　稼げるあなたになるために、とっておきのメソッドを教えます』と言ってセミナー参加を呼びかけるんです。あるいはDVDを売りつける。いずれも高額ですが、『稼げるようになるための投資です』と言って払わせる。

内容は大したものではないから、決して稼げるようになりません。

すると『あなたはまだ勉強が足りないようです。ならば次の教材を試してみてください』とさらに高額の商材を提示されます」（稲田さん）

ここで詐欺だと気づいてやめればいいものを、そうはいかないのが人の性。

**一度お金を払ってしまったモノに対してはつい「もとを取りたい」「あれだけのお金を払ったのだから、価値がないわけがない」という心理が働き、ますます財布は出血してしまうわけです。**

「結果、教材代がかさんでキャッシュフローが回らなくなり、強引な取り立てとの押し引きを経て、やがて自己破産に。ラクして収入を得るどころか、破産の道へと転落してしまう悲劇は実際に起きていることを、知ってほしいですね」(稲田さん)

副業して稼ぐするつもりが破産へ――。これは絶対に避けなければなりません。

予防策として講じるべきは、やはり「ラクして稼げるほどビジネスは甘くない」と理解することに尽きます。

「ラクして稼ごう」と思った時点で、悪意ある人たちから足元を見られてしまう。それくらいの危機感で臨みましょう。

そもそも、複業で得たいものは何なのか?

その問いを突き詰めた結果の答えがもし「お金」だったとしたら、複業という選択肢ではなく、まず本業で成果を出す方法を考え抜くほうが圧倒的に効率がいい場合もあります。

複業に求めるべきものは、「本業だけでは得られない自己実現や社会に向けての価値提供」、または「本業でさらなる成果を出すための学び」です。

その原点を忘れないようにしたいですね。

## パターン2

# 「あいつは副業やってるから」と後ろ指をさされてしまう

本業でできない自己実現や学びの機会になる複業だからこそ気をつけたいのは、「没頭し過ぎて周りに迷惑をかけない」こと。

本業の職場の上司や同僚に「あいつは副業始めて、戦力にならなくなった」と言わせてはダメです。モチベーションレベルが「副業＞本業」な社員だと認識された途端、会社からの高い評価は期待できなくなります。するとますます本業のモチベーションが下がる下降スパイラルに。

**上司も人間ですから、「こっちの仕事を優先しないということは、上司である俺（私）のことも軽くみているんだな」という発想になりがちです。**

まるで〝浮気〟されたような屈辱を感じてしまうのです。そうすると、職場の人間関係は悪化し、居心地も悪くなります。最悪、退職にまで至ることだってあり得ます。

複業をするからこそ、本業のパフォーマンスが上がる。そんな上昇スパイラル効果を見せることが大事です。

そのためにできる対策としておすすめしたいアクションは、〝職場巻き込み〟です。

複業を始める段階から職場の上司や同僚に「こんな活動を始めようと思います」と公言し、積極的に巻き込んでいくのです。

**・複業を公言する。**

**・複業の成果を報告する。**

**・複業で得られた価値を本業にも還元する。**

複業の〝見える化〟と〝価値還元〟を徹底して意識することで、複業は周囲からも歓迎される活動になります。

そして、ベースにあるべきは「謙虚な心」。

**複業に取り組める環境を与えてもらっていることへの感謝を、会社の上司や同僚に日頃から伝えておく心がけは持ち続けていたいものです。**

パターン3

# 「とにかく頑張る!」とオーバーワークで生活が破綻してしまう

複業を始めるからといって、本業にかける時間が減るわけではありません。単純に考えれば、働く時間は〝純増〟します。

ここで重要になるのがオーバーワーク対策です。

**好きなことを始めて、本業でも成果を出そうと頑張って……、気がつくと〝一人ブラック企業化〟してた!ということも。**

かくいう僕も、自己管理の難しさを痛感した経験があります。気がつけば、週に80時間働いていた時期もありました。

周りを見ていても、真面目で奉仕精神が高い人ほど、本業と複業のオーバーワークループにハマってしまうようです。

何も意識しなければ働き過ぎになるのが、複業のリスクの一つだと心得ておきましょう。

ということで、積極的に身につけるべきが、自己管理のスキルです。

一つの事例として、僕自身の現在の実践を紹介すると、大きく3つのルールを自分に課しています。

## 自己管理ルール その1
## 週30時間までしか働かない

独立し、自分の会社を立ち上げた後も、僕は7つほどの肩書きを持ち、常時10以上のプロジェクトを動かしています。

周りの人からは「西村さん、いつ寝ているの?」と不思議がられるのですが、僕は収益に直結するビジネス活動は「週に30時間まで」と厳しく自分に課しています。

もっと言えば、会食やイベント登壇がある日を除き仕事の打ち合わせや取材対応は

16時台には終了し、17時台には帰宅して、家族と夕食をとる生活スタイルを維持しています。

そして、会食は月に1～2回。イベント登壇も週に1～2回までと決めています。週末も基本的には外出をともなう仕事は入れず、パパ業に専念。息子が所属するサッカーチームのコーチ業は最高のリフレッシュになっています。

ちなみに、この30時間には、気軽にお茶する感覚で会える相手との面会や、チャットツールでサッとやりとりできる応対は含みません。それを仕事に換算する人もいるかもしれませんが、僕にとっては仕事感覚ではないからです。

**自分なりのルールで「本業・複業すべて含めての労働時間の上限」を決めておくことで、働き過ぎの予防になります。**

僕は日々のスケジュールを管理しているグーグルカレンダーやToDo管理ツールを使って、予定管理の段階からマネジメントしています。

## 自己管理ルール その2
# 一日の時間を効率よく使い分ける

複業家の日常は、ワーキングマザーの日常に似ています。

本業の仕事に加えて、やるべきタスクがあるので、とにかく時間の使い方を効率化しなければ回らないのです。

**ですから、一日のスケジューリングもできるだけ作業効率がいいように予定を配置しています。**

個人差はあるかもしれませんが、僕の場合は午前中のほうが集中できるので、朝5時には起床して原稿執筆や資料作成など集中力を要する作業を優先します。

面会やディスカッションは、なるべく午後に。

この時間の使い分けを意識するだけでも、ずいぶん生産性が上がったという実感があります。

## 自己管理ルール その3

# ボランティアワークは20％まで

僕はもともと好奇心旺盛で、興味を持ったらなんでも首を突っ込みたくなる性格であり、「世の中に役立てること」に喜びを感じるタイプでもあるので、気づけば無償のボランティアワークを抱え過ぎてしまっている時期がありました。

もちろん、複業の目的はお金だけではありません。

**ただし、お金をもらわない前提で始めるボランティアワークは、本業や複業に支障を来すほどの負荷にならないように、量を調整する必要があります。**

僕の場合は、「ボランティアワークに注ぐ時間は、週30時間の労働時間の20％に相当する6時間まで」と上限を決めました。

以上、複業にまつわる〝失敗〟パターンとその予防策を紹介してきました。

そして、これらの失敗パターンはすべて、次の章で紹介する「複業を成功させる五カ条」の裏返し。

つまり、このあとの「五カ条」を守って行動を続けていれば、失敗を恐れることはありません。

また、仮に少しくらい失敗したとしても、いつでもやり直せるのが複業の素晴らしい点でもあります。

自分にとって心地いい複業スタイルも十人十色です。

トライ&エラーを繰り返して、じっくりとあなたなりの複業スタイルを見つけ出してください。

COLUMN 3

# 自分の得意スキルはいくらで売れる？ 複業のための「お金の教養」

2018年は副業解禁を政府が後押しする動きが本格化する。複数の職を行き来しながら自分の価値を高める「ボーダレスワーカー」という働き方をいち早く実践していた複業研究家の西村創一朗は、〝二兎を追って、二兎を手に入れる人生〟を応援する複業の学校「HARES UNIVERSITY」を2018年に開校。

その西村が「ぜひ話を聞いてみたい」と迎えたのが、お金の教養を提供するファイナンシャルアカデミー代表の泉正人さんだ。「僕も4足のわらじを履く複業家だった」という泉さんが

## 教える「副業（複業）成功のためのお金の教養」とは？

**西村創一朗（以下、西村）**：泉さんのお名前を知ったのは、2008年に『お金の教養』という本を出されたとき。地元の多摩の書店に山積みにされているのを見て、すぐに手に取ったのを覚えています。長男が生まれたばかりで「家族のためにお金のことを本気で学ばないといけない」と思っていた時でした。

最新刊の『それ、売りますか？ 貸しますか？ 運用しますか？ 無料という手もありますよ。』も、実在する9人のスモールビジネス起業や副業のビジネスモデル設計を具体的にアドバイスしている点が役立ちますね。複業にチャレンジしたい人にとっては必読書だと思い、オンラインサロンのメンバーにもすぐに発信しました。

**泉さん（以下、泉）**：ありがとうございます。

**西村**：改めて興味を持ったのは、泉さんがお金の知識を磨く重要性を説くようになった原点についてです。

## 「真剣に生きよう」母の死が教えてくれたこと

**泉**：原点は、僕自身がお金にとても苦労したという経験ですね。

**西村**：意外です。ご家庭の環境が苦しかったのですか？

**泉**：いいえ、家庭の経済状況は普通で、両親は「いい会社に入るためにいい大学に入りなさい」と教育熱心でした。兄は「御三家」といわれる私立中学に入学しましたが、僕は勉強する意味が見出せず、中学受験は7校受けて全落ちしたんです。

**編集部**：ご本人は謙遜されますが、某有名進学塾でトップクラスだったという情報も。

**西村**：すごい！

**泉**：小6の夏休みの模試で「どこでも受かる」という判定を受けたので、油断したんですね（笑）。私立中学の受験には失敗してしまったので、地元の公立中学に行ったのですが、受験勉強をしてきたので当然ながら成績トップからスタートするわけです。そこでまた油断していたら、どんどん成績が落ちていき、勉強も面白くなくなっていたのです。仕方なくカリフォルニアで高校生活ができる日本の学校に入ったのですが面白くなく、すぐに辞めて日本に戻ってきました。それが16歳のときで、やむなく一人暮らし。そこから本当にお金に苦労する日々が続きました。

**西村**：その後はどうしたんですか？

**泉**：そこから約10年間、とても厳しい生活を強いられました。手に職をつけようと思っても、自分に何ができるかも分からない状態で、本当に苦労の連続でした。そして24歳の頃、少しだけ自分の未来に光が見えた仕事に就いたのです。それがあるITベンチャーへの就職でした。新しいことを学びながら働く楽しさを少しずつ体得できる場を得たのですが、その2年後、母親がくも膜下出血で急死したんです。

母の死もショックでしたが、医師から「あなたも気をつけなさい」と忠告されたことが、僕の生き方を変えたと思います。「いつ死ぬか分からない。ならば真剣に生きよう」と決心し、独立を決めました。当初は2つの仕事をする複業スタイルだったんですよ。

**西村**：どんな仕事を始めたんですか？

**泉**：一つは、高級オーディオの輸入販売。もう一つはITベンチャーで習得したシステム開発やウェブ制作の仕事です。半年後には事業が回り始めて、27歳で初めてまとまったお金を手にしました。それまでは貯金が10万円を上回ることがなかったので（笑）。

## お金の教養を身につける場がない

**西村**：お金に苦労した時期が16歳から10年も続いていたんですね。

**泉**：はい。だから、急に手元にお金ができてもどうしたらいいか分からない。分からないので本を読んだりセミナーを聞きに行ったりしたのですが、腑に落ちない。なぜだろうと考えると、既存の情報はすべてポジショントークでしかないと気づいたんです。つまり、証券会社が主催する資産運用セミナーや、特定の金融商品を売りたい人が出す本はすべて〝チラシ〟でしかないと。

でも、探してもなかなか学び方が見つかりませんでした。僕は本当にお金に無知だったから苦労もしてきて、学ぶ必要性を強く感じている。そんな人は他にもいっぱいいるんじゃないか。だったら、自分で学ぶための学校をつくってみようか。そんな発想でファイナンシャルアカデミーを立ち上げたのが27歳のとき。その少し前に不動産のポータルサイトも立ち上げたので、一時期は4つの仕事を同時並行していました。

**西村**：寝る間も惜しんで、土日もなかったくらいでは。

**泉**：当時はそうでしたね。そのうち、オーディオ通販はヤフオクなどが台頭してきたので閉めて、システム開発も労力の割に収益が上がらなかったのでやめました。他にもいろいろな事業にトライしていく中で、だんだんお金の本質のようなものが分かってきて、学校運営と並行して本の形にもまとめるようになったんです。

『お金の教養』は、そういった経緯でできた本だったんですよ。すべて自分の経験から積み上がってきたことで、最初は細い糸だったものが紐になり、太い綱になっていったような感覚です。

**西村**：最終的に「お金の教養を提供する」という分野に集中投資することになったのは、そこにご自身の〝強み〟を見出せたからですか？

**泉**：まさにそうですね。あえて自分の強みを表現するとしたら、「お金の専門家ではない一般人としての視点と、金融リテラシーを磨いた視点の両方を併せ持つこと」だと思っています。

## まずは走ると決めて走る

**西村**：泉さんが〝ビジネス成功の条件〟として強調する「アービトラージ（他者との差別化）」ですね。ポジショントークに偏りがちな既存の金融教育提供者にはない、金融弱者を経験したからこその強みを見出したと。リアルな場としての学校という形式をとったのは？

**泉**：単純に自分が勉強できる場をつくりたかったからです。

**西村**：僕も新しい分野で学びたいことがあったら、専門家にコンタクトをとって、ＳＮＳで「他に参加したい人いない？」と募って場づくりをすることが多いんです。

**泉**：まったく同じですよ。１００冊に1冊くらいの割合で出合う良書の著者に連絡を取って、「50～１００人呼ぶのでセミナーをしてください。講演料は〇円です」と交渉することから始めました。15年以上前はＳＮＳという手段もなく、集客は簡単ではありませんでしたけれどね。

**西村**：どうなさっていたんですか？

**泉**：今でいうＳＥＯ対策のようなものです。当時、ＳＥＯという言葉すらなかったですが、講師に呼びたい方の名前が検索されたらセミナー情報が上位に挙がるような対策をしていました。これにはシステム開発の経験が生きました。

**西村**：「１００人集めるので来てください」と依頼した時点で、集められる自信はあったのでしょうか？ それとも「まずはやると決めてからなんとかしよう」と思っていたのですか？

**泉**：完全に後者です。

**西村**：やはりそうですか。実は、複業の相談に乗っていると、「勝算が立つまで時機を待つうちに、ライバルに先を越されて、またイチからやり直し」という失敗例を聞くことが多いんです。僕は「まずはやると決めて、走りながら方法論を探ってもいい」と伝えているのですが。

**泉**：特に今の時代は、無料で使えるツールも豊富なのでチャレンジの障壁はすごく低くなっていますから。

## 自らが提供する価値への自信

**西村**：なるほど。「無料」という手法は、複業にチャレンジする準備段階のマーケティングにも使えると、泉さんはおっしゃっていますよね。例えば、「お試しで無料で提供しますよ」とアピールすることで顧客を集められると。

一方で、現実にはそこから先の「お金をいただくステージ」になかなか行けないという状況もよく見られます。

**泉**：理由は2つあって、一つにはそもそも人からお金をいただくことに抵抗がある。

特に会社員としての働き方しかしたことがない人にとっては、報酬は評価に結びつくものという認識があって、対価として得られるものという感覚がなかなか持てない。もう一つの理由は、本業の収入があるからこその危機感のなさ。「もらえなくてもやっていける」という甘えによるものです。

**西村**：「お金をもらうのが怖い」というハードルはどう乗り越えるべきでしょうか？

**泉**：その怖さ、僕はまったく感じたことがありませんね。今でもそうですが、根本的に「自分が提供しているものは価値が高いものだ」という自信と誇りがあるからなのだと思います。本当にいいものを心を込めてつくって、少し安いくらいの価格で提供している自信があるから、お金をいただくことに後ろめたさを感じないのです。

僕の学校の授業料は2年間で30万円ですが、「一時の出費としては決して安くないかもしれないが、一生に影響する価値の高さを考えるととてもお得だと思う」と胸を張って言えます。

**西村**：価値に対する自信があれば、お金は気持ちよく受け取れるというわけですね。

**泉**：逆に、「自分だったら1万円しか払わないけれど、2万円取っちゃおうかな」と欲を出すと、引け目を感じるのではないでしょうか。プライシング（商品の値付け）で最も大事なのは、〝自分だったらいくら出すか〟という自分事の視点です。

**西村**：同時に、市場でどれくらいで取引されているかという視点も大事になりますか？

**泉**：それも一つの情報ですが、いわゆる売り手視点のマーケティングだけではうまくいかないというのが僕の持論です。究極は、やはり〝買い手視点〟に立つこと。それも自分事で。新しいビジネスを始めるとき、「これでビジネスができないか」から出発するとどうしても売り手視点のプライシングになるのですが、「これを食べたい、聴きたい、やってみたい」というニーズから出発すると、自ずと顧客目線でのマーケティングができるもの。そしてそのほうがうまくいきます。

**西村**：シンプルかつ、揺るぎがない強さがありますね。売り手でありながら、最初の買い手であろうとする。〝両面思考〟の考え方ですね。アカデミーでは泉さん自身は教壇に立っていないそうですが、なぜですか？

## 適材適所、得意な人に任せればいい

**泉**：僕よりも教えるのがうまい人がいるからです。
僕はどちらかというと、プログラムや教材を作るプロデューサー的役割が好きで得意。でも、それを初心者に分かりやすく説明する講師としてのスキルはあまりないと思っているので、もっと得意な人に任せています。〝得意分野〟に集中して、それ以外をいかに手放していくかは、ビジネスのスケールアップの鉄則でもありますね。

**西村**：〝強み〟を分散させてチームで仕事をするというスタイルですね。

ここでまた聞いてみたいのが、〝強み〟の見つけ方についてです。日本のビジネスパーソンの多くは文系の総合職で「これが私の専門性です」と明言できる人はごく少数派です。強みを見つけるためのヒントをいただけませんか？

**泉**：クラスで1番くらい、つまり30人中1番になれるものは何かを見つけるといいと思っています。コーヒーを上手に淹れられるとか、漢字をたくさん知っているとか、なんでもいいから一つ、30人中1番になれる得意分野を見つけてみる。そこを深掘りすると、一生もののキャリアに活かせる専門性にもつながる可能性は大いにあると思います。

**西村**：一人で見つけられない場合は他人の意見を聞いても？

**泉**：ちゃんと見てくれている人であればという条件付きですね。他人の意見は曖昧で、あまり正確ではないというのが僕の実感です。できるだけ自分で自分を観察して発見するほうがいいと思います。西村さんがここのBOOK LAB TOKYOを経営していると

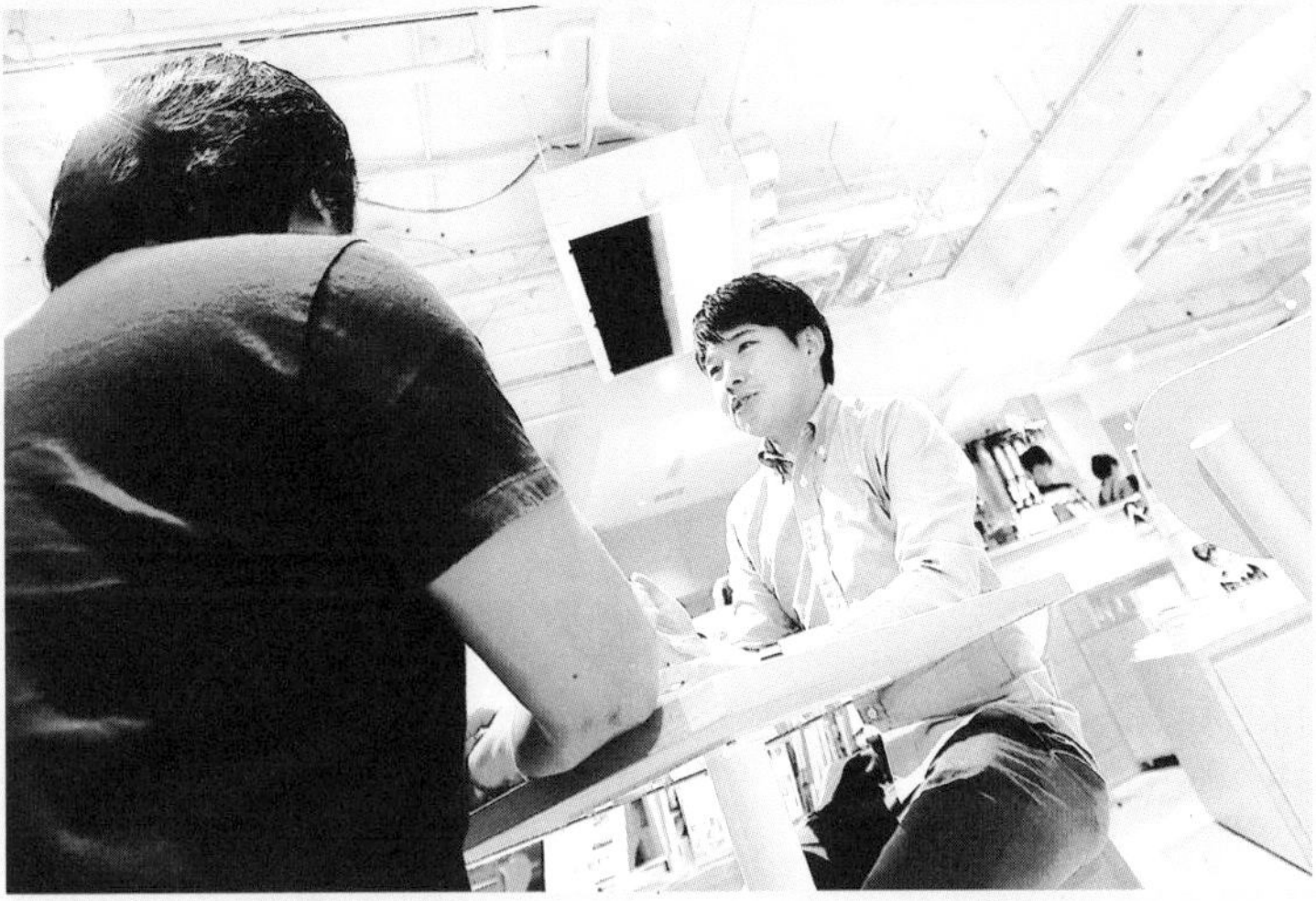

聞いただけで、「カフェ経営が得意なんですね」と軽く言ってくる人、いるじゃないですか（笑）。実際はきっとそこじゃない。

**西村**：全然違いますね（笑）。人の意見もうまく聞き分けるのが必要だと。自分自身で得意分野を見極めていく上でのポイントはありますか？

**泉**：〝小さく刻む〟と見えやすくなります。「コンピューターが得意」な人は30人中何人もいると思いますが、「アップル製品の」「Apple Watch の」と小さく刻んでいくと、これは自分が1番になれると確信できるものが発見できると思います。

**西村**：なるほど。自分の強みを知って、自分事で値付けし、とにかく走りながらやってみる。複業にチャレンジしたい人にとって貴重なアドバイスをいただけました。ありがとうございました。

---

**泉正人（いずみ・まさと）**：ファイナンシャルアカデミーグループ代表。一般社団法人金融学習協会理事長。日本初の商標登録サイト立ち上げ後、金融経済教育の必要性を感じ、2002年にファイナンシャルアカデミー創立。身近なお金から会計、経済、資産運用まで、独自のカリキュラムを構築。東京・大阪・ニューヨークで学校を運営。

---

※このコラムはウェブメディア「Business Insider Japan」に2018年1月に掲載された対談を再編集したものです。ゲストの所属、コメントなどは取材時の内容をもとにしています。
ライター・エディター：宮本恵理子、写真：竹井俊晴

# 第6章

# 複業を成功させる五カ条

# 複業がうまくいっている人に共通する考え方とは？

本業を続けながら、自分の可能性を広げるキャリアサーチができる複業はいいことづくめ。自分も何か始めてみたい！とウズウズしてきた人もいるのではないでしょうか？

でも、ちょっと待ってください。複業には見過ごしてはならない落とし穴があるのもまた事実。

ということで、実際に複業を始めようとする人に僕が必ず伝えている心得を紹介したいと思います。

**これは、僕が累計５００人以上の複業を支援してきた中で気づいた、「複業がうまくいっている人の共通要素」から抽出したものです。**その心得とはズバリ、この五カ条に集約されます。

# 複業を成功させる五カ条

一　**先義後利**
目先の儲けに走らず、貯信せよ

二　**本業専念**
本業で成果を出すことにこだわれ

三　**公明正大**
〝伏業〟にするな。周囲に共有せよ

四　**自己管理**
睡眠時間を削ってはいけない

五　**他者配慮**
家族、上司、同僚への感謝とリスペクトを忘れるな

先義後利

# 目先の儲けに走らず、貯信せよ

「複業」ならぬ「副業」のイメージから、第一目的を「副収入」と考えて始める人が本当に多いのですが、すでに何度も繰り返したように、僕は絶対にすすめません。

複業の一番の目的は自分が本来やりたかった夢や目標に少しでも近づくためのキャリアパス開拓。

あるいは、自分の市場価値を高め、「欲しがられる人」になるためのスキルアップの手段。

目標がそこまで明確でなくとも、「本業では得られない人との出会いや世界の広がり」など、自分の立つステージを発展させていくためのものだと考えてください。

となると、必ずしも最初から「稼げる」とは限りません。むしろ、最初は稼げないケースが多いです。

**自分が目指したいキャリアビジョン、ライフビジョンを達成するための手段として複業をとらえて、「お金は後からついてくる」と考えましょう。**

このマインドセットについては、第2章で詳しく書いた通りです。

## お金よりも、まずは信頼を稼ぐ

ただ、いくら「お金が目的ではない」と言っても、目に見える〝利〟がないと、正直、モチベーションが続かないかも……。

そんなモヤモヤも、とても理解できます。

**大丈夫。お金ではありませんが、確実に貯まっていくものがあります。それは「信頼」です。**

自分ができることを通じて、社外に活動を広げ、世の中に価値を提供していく。

このシンプルな行動を繰り返していくと、やがて貯金ならぬ〝貯信〟が確実に増えていきます。

**信頼をコツコツ貯めていくことで、いざ本格的に複業で勝負をかけよう！という時に、応援・支援が集まりやすくなります。**

これはとても大きな財産です。

また、「貯信が増えること」は、「あなたの仕事の金銭的価値が増えること」にもつながります。

信頼を高めることで、いつの間にか仕事の単価が上がり、結果として、「収入が増える」という実益も得られるはずです。

## 目先の儲けに走らず、貯信せよ

まずはお金ではなく
信頼を稼ぐ

## 二 本業専念

# 本業で成果を出すことにこだわれ

複業の醍醐味は、本業だけでは成し得ない自己実現にチャレンジできること。

だからこそ注意をしなければならないのは「本業をおろそかにしない」という姿勢です。

すでに何度も述べましたが、日本の企業文化はまだまだ「二兎を追うもの、一兎も得ず」の価値観で動いています。

「複業なんか始めたら、本業に専念できなくなっちゃうんじゃないの？」と上司が心配するわけです。

もちろん、僕からすると、「そもそも〝専念〟とは、何をもって？」という点から反論したいところです。

**ただ現実としては、とにかく複業をやっているというだけで、ネガティブな印象を持たれるリスクはまだまだ高いと覚悟はしておいてください。**

理想的なのは、「複業をやればやるほど本業に活きる」という状態をつくってしまうこと。

「複業を始めてから、あいつ、いい感じだよな」と上司や同僚に思わせることができたら、最高です。

上司には「週末にこんなインプットがありました！」と積極的に複業の成果をシェアしましょう。

本業に活きるリソースを社外から効率よく調達できることは、会社としても大歓迎なはず。

逆に、複業をやることで本業がおろそかになるのは本末転倒。

複業をエンジョイし過ぎるあまりに、本業で手を抜くことがないように、気持ちを引き締めていきましょう。

むしろ、本業の成果に徹底的にこだわって、相乗効果を狙うべきです。

**本業と複業が並行線を描く「パラレルキャリア」というよりは、互いにプラスの影響を与え合いながら双方が発展していく「スパイラルキャリア」をイメージしてください。**

本業で成果を出すことにこだわれ

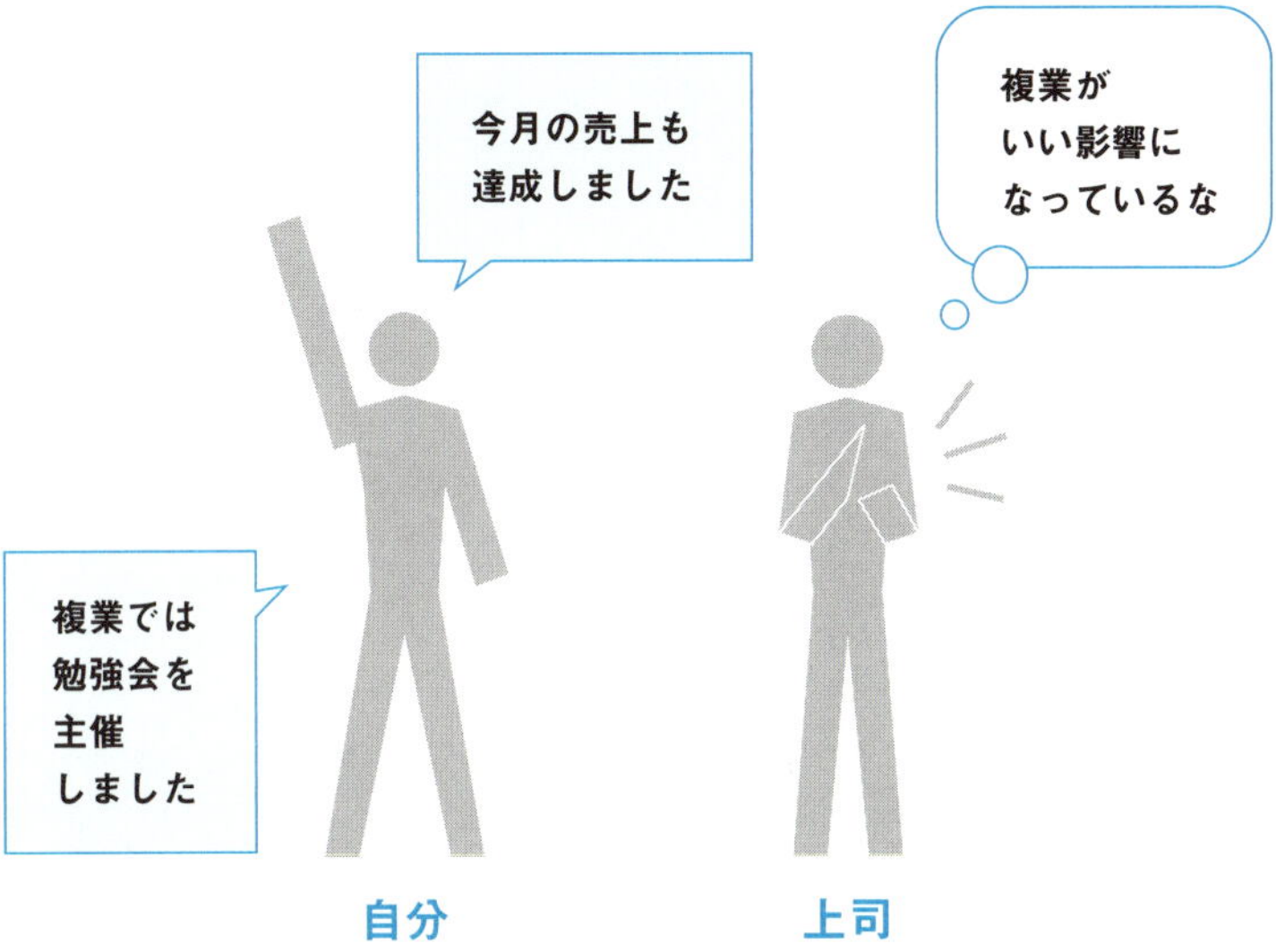


本業で成果を出したうえで、
複業のシェアもする

三　公明正大

# 〝伏業〟にするな。周囲に共有せよ

副収入が第一目的の「副業」の場合は、会社に隠れてコソコソと行う「伏業状態になっている人が少なくありません。

しかし、この「伏業」はおすすめしません。

なぜなら、長続きしないうえに、周囲の信頼を失うリスクがあり、自分自身の精神衛生上もよろしくないからです。

上司の立場になって考えてみてください。

ある部下の不審な行動に気づき、「こいつ、黙って何かやってるな……」という疑いを少しでも抱いた瞬間から、疑心暗鬼の感情が生まれ、「監視」「管理」の行動へつながっていく。

さらに、隠されるほどに「暴いてやる！」という否定の感情が生まれ、関係性が悪化します。

**上司の応援が得られないことで複業そのものの継続が難しくなるだけでなく、本業にも悪影響が出るでしょう。**

だから、はじめから隠そうなどと思わずに、「複業はオープンに！」がこれからの常識です。

副業禁止の場合を除き、上司に包み隠さず、始める前のあやふやな段階から〝相談〟して共有することをおすすめします。

## 上司には報告の前に「相談」をする

まず報告ではなく、〝相談〟という点もポイントです。

上司へのコミュニケーションの鉄則として、よく「ホウ・レン・ソウ＝報告・連絡・相談」といわれますが、この3つの中で最重要なのは最後の「ソウ」。

**最初にやるべきことは「相談」です。**

「報告」や「連絡」はあくまで結果や途中経過の共有でしかなく、上司の意見や提案が反映されにくくなります。

しかし、「相談」は上司の意見を積極的に聞きに行くコミュニケーション。

上司としても「お、頼られているな」と嬉しくなります。

**上司が一言でもアドバイスをしてくれた瞬間に、あなたの〝応援団〟になってくれたも同然です。**どんどん味方になってもらいましょう。

複業を公明正大に行うことのメリットがもう一つ。オープンにすることで、成長につながるフィードバックを得られることです。

**「これから、こういう理由で、こんな複業にチャレンジしてみます」と周りに開示することで、周りも堂々と応援できるようになりますし、「だったら、いい人を紹介できるよ」と有益な情報が集まりやすくなります。**

厳しい指摘もあるかもしれませんが、それも含めて、成長に欠かせない学びです。

周囲に隠す伏業と、オープンな複業とでは、まったく同じことを始めたとしても、成長スピードが大きく変わってきます。

〝伏業〟にするな。周囲に共有せよ

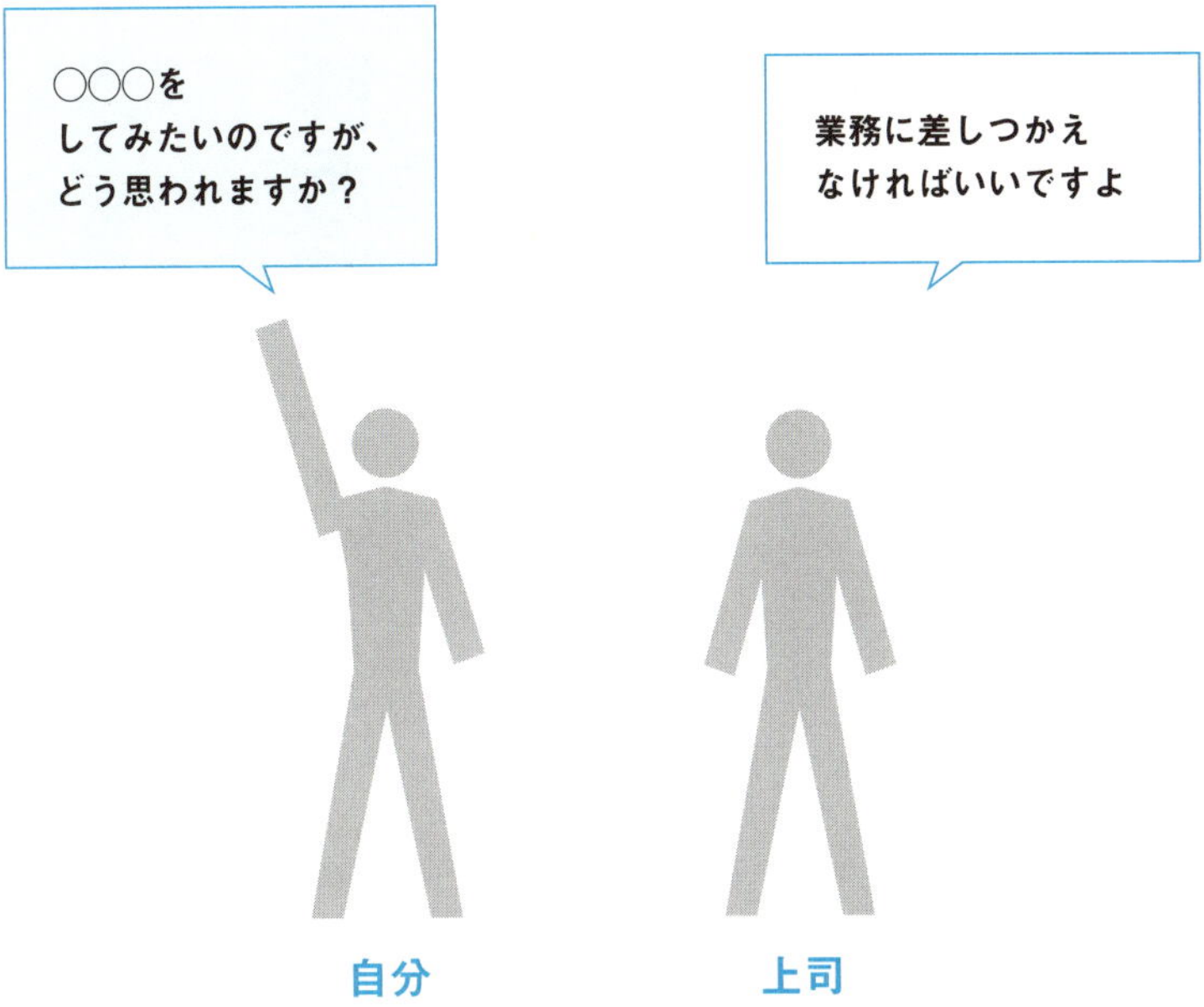
○○○をしてみたいのですが、どう思われますか？
業務に差しつかえなければいいですよ
自分
上司

まずは上司に相談してみる

## 四　自己管理

# 睡眠時間を削ってはいけない

本業にあって、複業にないもの……と言えば？？

一番意識するべきは「上司やマネージャーがいない」という違いです。

つまり、働き過ぎや仕事の偏りを調整する役目の人。複業において、「今月はちょっと残業が多いから、ほどほどにしなさい」「ちょっと顔が疲れているよ。大丈夫か？」と注意してくれる上司はいません。

自分を律するのは、あなた自身です。

くれぐれも複業に没頭し過ぎて、オーバーワークにならないように気をつけましょう。

オーバーワークの結果、犠牲になりやすいものの筆頭が睡眠時間です。本業も複業もしっかり成果を出すには、きちんと休息をとることが大切。

**「自分がパフォーマンスを維持するために最低限必要な睡眠時間」を算出し、その時間を確保できるペースでできる複業プランを練るように、心がけてください。**

もちろん、睡眠だけでなく、仕事から一切離れて、友達と会ってリフレッシュできるような時間も必要です。

## 複業は達成可能な「ベイビーステップ」から始める

もう一つ、〝複業の犠牲あるある〟として浮かぶのが、家族との時間です。

僕が理事を務めているファザーリング・ジャパンのメンバーのほとんどは複業として関わっていますが、「父親支援の活動を頑張り過ぎて、自分の家庭の子育て時間が減っちゃったら意味がないよね」と冗談交じりに話しています。

自己管理はオーバーワーク予防から！

そのためにもぜひ取り入れてほしいのが、「複業はベイビーステップで始める」という考え方です。

ベイビーステップ、言い換えると、赤ちゃんの歩みのように小さな目標設定で一歩一歩進んでいく。

自分で自分のハードルを上げない、のが得策です。

労務管理をする上司がいないということは、「よくできた！」と合格印を押してくれる上司もいないということ。自分で自分を褒めながら達成感を得るしかないわけです。

**だからこそ、継続のためにも毎日達成感を得ることが重要となります。**つまり、合格ラインは「絶対に達成可能なレベル」にまで下げるのが鉄則です。

例えば、「週に1回ブログを更新する」とか「1日1回ツイートする」といった、あなた自身が「これなら今日からできる！」と確信できるレベルまで下げてください。

無理なくベイビーステップで歩み始めて、少し慣れて余裕が出てきたら、ほんのちょっとだけ歩幅を広げる。その繰り返しで、いつの間にかものすごく長い距離を進んでいた自分に気づく日が来るはずです。

## 睡眠時間を削ってはいけない

- 必要な睡眠時間を確保する
- 絶対に達成できるレベルから始める

## 五　他者配慮

# 家族や上司、同僚への感謝とリスペクトを忘れるな

最後に、絶対に忘れてはいけない大切なことを。

複業は自分の力だけでできるものでは決してありません。職場の理解、そして家族の理解がなければ成り立たないものです。この当たり前の事実を忘れずに、感謝とリスペクトをこまめに伝えていきましょう。

長らく日本の働き方を縛っていたモデル就業規則が改定され、これからは「副業解禁」が労働者の権利になっていく流れが間違いなく、追い風は確実に吹いています。

しかし、だからといって「複業は労働者の権利なんだから、自由にできて当然」という態度を示すと、周囲の応援は得られません。

優秀なワーキングマザーに、周囲への感謝と気配りを欠かさない女性が多いように、複業家も〝おかげさまで精神〟を忘れてはいけません。

日々感謝を伝えることで、周囲からの協力や応援が集まるようになり、より複業を続けやすい環境づくりにつながっていきます。

どんな形でもいいので、「あなたのおかげで複業ができています」という感謝のメッセージをこまめに送ること。

さらに複業で得られた成果で〝お裾分け〟できるものがあれば、積極的に周りに還元していくこと。

複業が軌道に乗ってきた時にこそ、強く意識したいと僕も胸に刻んでいます。

この章で紹介した5つの標語、

一　先義後利　目先の儲けに走らず、貯信せよ
二　本業専念　本業で成果を出すことにこだわれ
三　公明正大　〝伏業〟にするな。周囲に共有せよ
四　自己管理　睡眠時間を削ってはいけない
五　他者配慮　家族や上司、同僚への感謝とリスペクトを忘れるな

は、複業をする時に絶対に忘れてはいけない大切なこと。
ぜひ、トイレの壁に貼ってでも、毎日思い出してください！

## 家族や上司、同僚への感謝とリスペクトを忘れるな

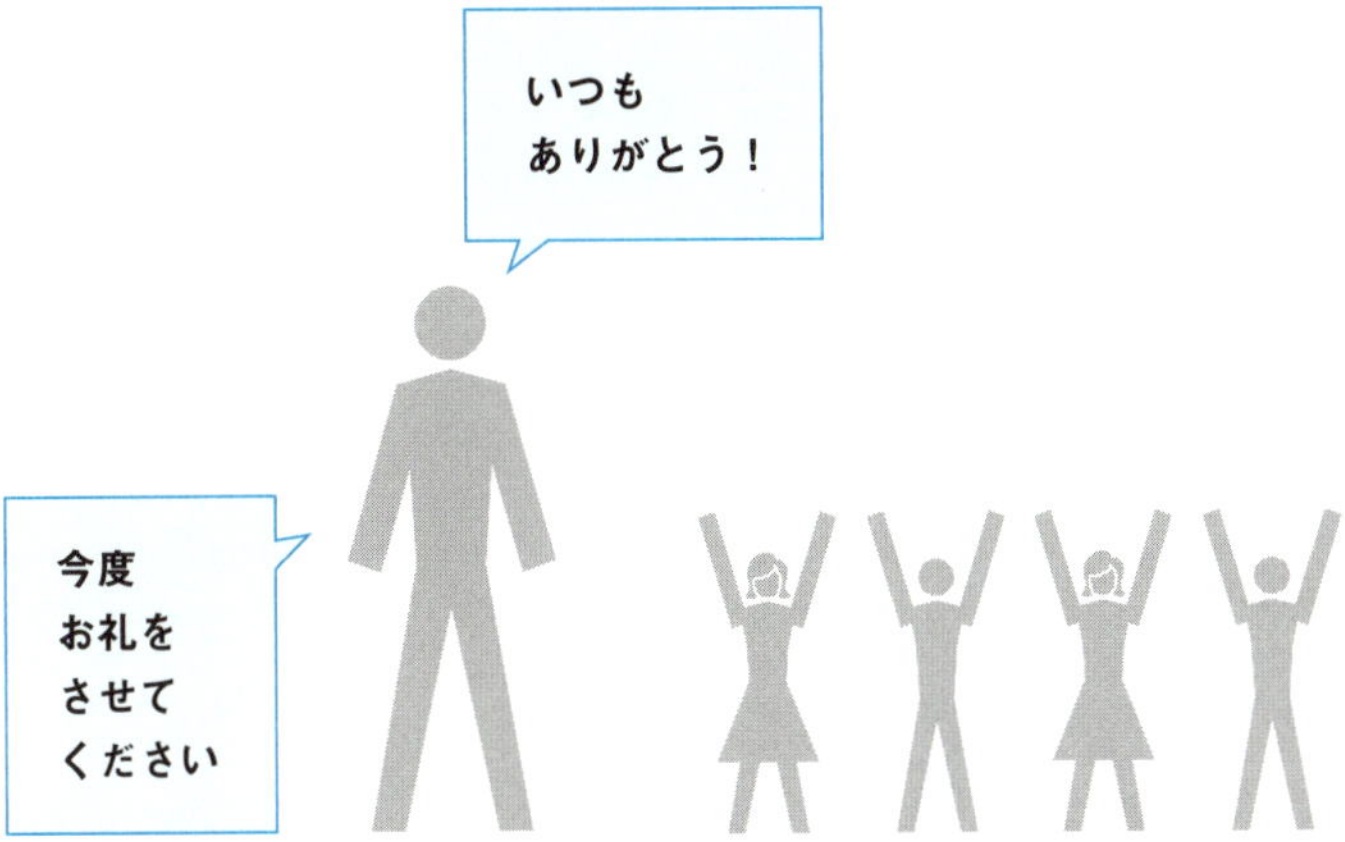


**周りへの感謝と気配りを細めに行う**

COLUMN 4

# 西村の複業ブログの初収入は「ガリガリ君」1本分だった

僕が初めて複業としてブログをスタートさせた時も、初月の収入はゼロ。やはりすぐには読者がつかずに、無収入からの複業デビューとなりました。

それでも、当初に描いた「インターネット上にあふれる情報の中から、ビジネスパーソンに役立つ記事やサービスを厳選して紹介する」というコンセプトは変えることなく、コツコツ毎日（正確に書くと、本業の通勤時間のみの更新だったので週5日のウィークデーに）、更新していました。

継続は力なり。徐々に1人、また1人と定期購読者がつくようになって、2カ月目に収入が発生した時には「やった！」と思わずガッツポーズ。ただし、その額は62円と微々たるもの。「ガリガリ君」を1本買えるくらいの金額でした（笑）。

時給に換算すると、超ワーキングプアです。

これを本業とするなら大問題ですが、「複業なんだから、ま、いいか。とにかくGOONだ!」とコツコツ更新し続けました。

さらに翌月には、ハーゲンダッツ程度は買えるくらいになりました。ガリガリ君からハーゲンダッツへ! すごい成長です。

そして、その次の月、いきなりボーン!

3万円くらいまでに跳ねました。

きっかけは単純で、ある日の投稿が異常に読まれてヒットしたこと。

投稿したネタは何だったか? 意外かもしれませんが、それは「与沢翼」についての投稿でした。

当時、「秒速で億を稼ぐ」というキャッチフレーズで話題だった事業家の彼が登場していた某メディアの企画記事をたまたま見つけ、それがすごく面白かったので自分のブログで紹介してみたところ、予想以上に読まれたのです。

時期を同じくして社内からも「ブログの更新、楽しみにしてるよ」と声がかかるように。認知度が確実に上がったことを実感できました。

何がきっかけになるかは分かりませんが、「届くまでやり続けるって大事なんだな」と感じ入った体験でした。

# 第7章

# 複業でぶつかる壁を突破する！
# ——Q&A

## Q1 複業を始めるベストタイミングはいつ？

# A 本業で成果を出し、コアスキルを磨いてから

この章では、複業を始めるにあたりよく相談される質問について答えていきます。

まず、「複業には興味があるけれど、いつ始めようか迷っています」という質問。そんな迷いの声はよく聞かれます。最近では、若い人に限らず、40～50代の方からご相談を受けることも少なくありません。

**「もうこんな歳だから、遅過ぎるよね？」と弱気になっている方に対して、僕が即答するのが「複業に〝遅過ぎる〟ということはありません」という言葉。**

これは決して建前ではありません。なぜなら、決まった採用時期や定年の概念さえない複業の世界には、年齢制限は存在しないからです。

60歳から始めて、死ぬまで続ける複業ライフもあっていいし、YouTuberとしてすでに複業デビューしている小学生だってたくさんいます。

ということで、複業においては年齢による制限は一切なし、と念押ししておきます。

## 「本業での成果」はあったほうがいい

一方で、「経験に応じたベストタイミングはある」というのもまた複業の真実。

例えば、社会人1年目で、特にやりたいことがあるわけでもなく、とりわけ事業開始を急ぐ理由もない人が「とりあえず皆やってるし、副業を始めてみようかな」と考えていたとしたら、僕は「明確にやりたいことがないなら、もう少し待ってみては？」とアドバイスします。

なぜなら、複業を着実に成功させる原動力となるのが「本業での成果」だからです。

やりたいことがあるなら別ですが、本業で何も成果を出しておらず、ただでさえ仕事の基礎を覚えるのに忙しい社会人1年目に、いきなり複業ライフに挑戦したとしても、思うようにはいかない可能性は大きい。

繰り返しになりますが、複業は「本業で得られない経験や学び」を求めにいくものなので、まずは「本業で得られる経験や学び」のほうを明らかにしていくことが重要なのです。

**理想的なのは、本業で誰もが認める圧倒的な成果を出してから、複業を始めるという順番です。**

「△△ですごい貢献をした○○さん」というキャリアタグ®がついた後であれば、周囲の信頼をある程度集めた段階での複業スタートが可能となり、立ち上げもスムーズに進みます。

すると、「△△ですごい貢献をした○○さんに、こんな案件のお願いがしたい」と、複業の成果が本業に、本業の成果が複業に良い影響を与える、スパイラル状の発展が生まれていきます。

## まずは、本業で「コアスキル」を磨く

ちなみに、僕自身は会社員時代に複業生活を経て、2017年に独立したわけですが、今の事業を支えているメシの種も会社員時代の本業の成果が元になっています。

当時は年間数名にしか満たなかった「リファラル採用」（社内外の人的ネットワークを通じた紹介・推薦による採用）を強化し、年間50人まで拡大して貢献したという実績が、僕の独立後の本業、人事・採用コンサルタントとしてのビジネスを推進する強みとなっているのです。

複業研究家としての活動による収益は全体の3割程度で、「HR（人事・採用）マーケティングの西村」というコアスキルで広がるコンサルティング事業が、現在の僕の本業です。**将来の独立を考えるうえでも、本業でコアスキルを十分に磨くのが有効だということは、僕の経験上からも明言できます。**

## 複業は、あなたに「個性」を加える

こう説明すると、「だったら本業だけ頑張ったほうがいいんじゃない？」という反論もあるかもしれません。「複業をやる意味はあるの？」と。もちろん、あります。

本業でいくら頑張って成果を出したとしても、同じ会社で同じくらいの能力の人間が集まっていると、どうしても成果は他人からみたときに目立つものにはなりにくい傾向があります。

つまり、自分としてはすごく差をつけたつもりでも、客観的に見れば「どんぐりの背比べ」になってしまうのです。

「こんなに頑張っているのに、どうして上司は評価してくれないんだ！」と不満を抱いている人がいるとしたら、もしかしたら、あなたの人材としての希少価値がしっかり上司に伝わっていない可能性があります。

**似たり寄ったりのメンバーの中でキラリと輝く個性や持ち味。そんなスパイスを付与してくれるのが、複業の効果です。**

「西村は本業で良い成果も出したし、それ以外にも、ＩＴ業界に精通していて、ブログも好評らしい」

そんな二重、三重のキャラづけをすることで、人材としての価値はより濃く印象づけられるはずです。

## 本業の成果 × 強みや好きを活かした複業

この掛け算は、〝他者との差別化〟をかなえる公式と言ってもいいでしょう。

この公式が成り立つためには、今、何をするべきか？

そう考えていくと、自分にとっての複業の始め時も自然と導き出せるはずです。

## 複業を始めるベストタイミングはいつ？

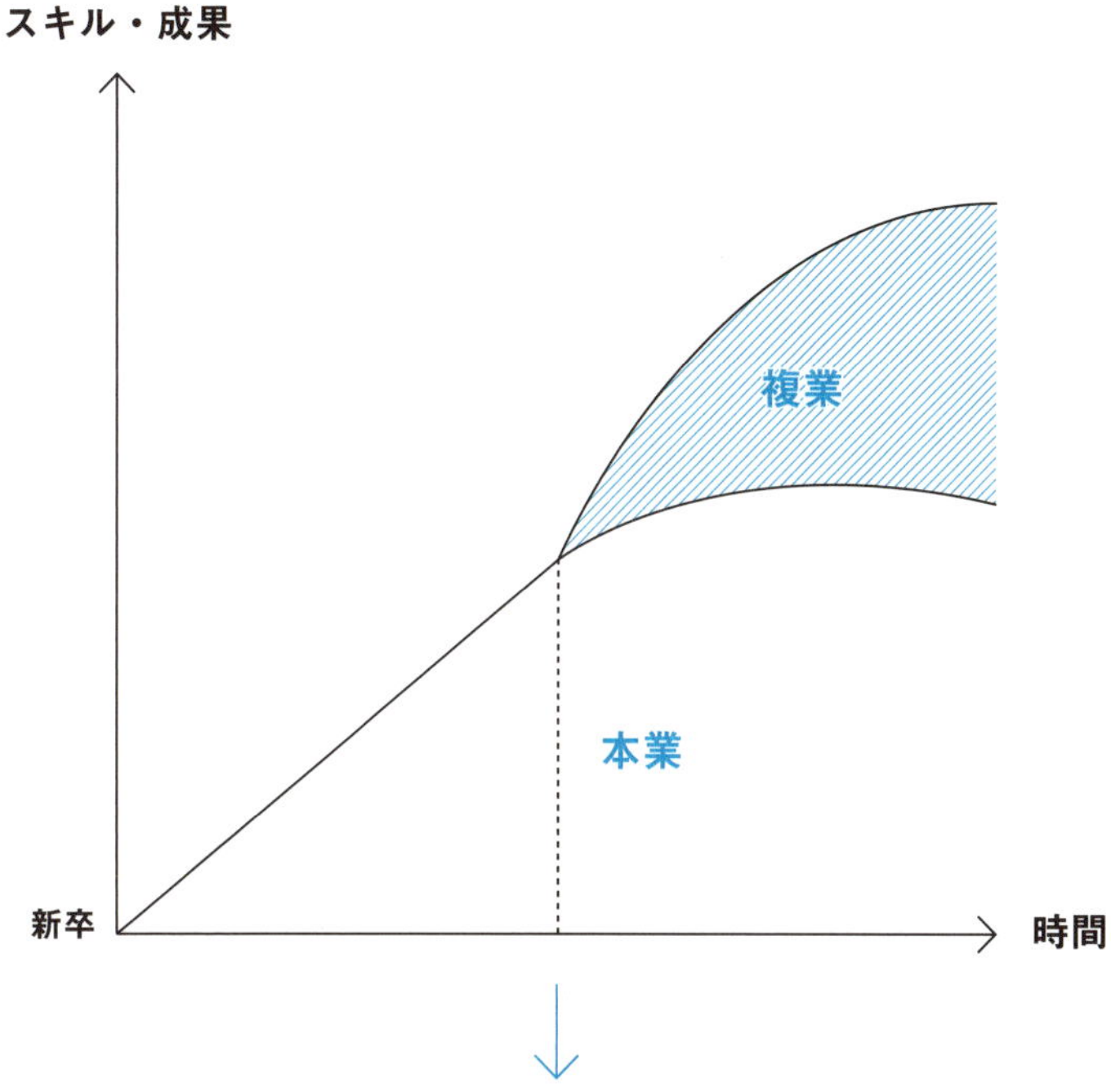


**本業でコアスキルを磨いてから**
**複業をはじめるのがベストタイミング**

## Q2 自分をどのように営業して売り込めばいい？

## A 最強なのは〝営業しない〟営業戦略をとること

僕は、ビジネスにおいて理想の状態は、「営業をせずに収益が立っていること」だと思っています。

「こういうことができます」という資料一式を持って、クライアント候補を行脚して説明する。そういった型通りの営業活動は、複業でも独立後の本業でも一切したことがありません。

では、どうやってお客さんを集めているのか。

僕の営業手法を分析すると、「空中戦」と「地上戦」とに分けられます。

## ①空中戦　SNSで発信を続ける

まず、空中戦。

**Twitter や note、Facebook などのSNSで1日と空けず、自分の専門分野について考えをまとめた記事を発信します。**

すると時々、それを読んで面白いと思ってくれた方から、「すごく共感しました！うちの会社でも似たようなことがありました」とか「今度お会いした時に、新卒採用のPRについて相談させてください」といったコメントが入ることがあります。

この空中戦の段階は、タグの種蒔き。つまり、「○○といえば西村」というタグ付けを浸透させるフェーズです。これがいわゆる、リード（見込み客）の獲得になります。

コメントなどで反応してくださった方には、「喜んで、いつでも相談に乗りますよ！」と返答します。

## ② 地上戦
# 情報を出し惜しみなく伝える

そして実際にお会いするときが来たら〝地上戦〟に切り替えです。

相手を目の前にする地上戦は、相手がリラックスして本音を喋ることができるように、ランチやお茶、他のアポのついでの雑談といったラフな場であるほうがベターです。

会話をする中でなんとなく、その人や会社が抱える課題が見えてきたら、その課題に対して自分なりに考えられるアドバイスをお伝えします。

**このとき、出し惜しみをしてはいけません。普段はお金を取るような専門的で有用な助言も交えながら、ギブ（give）の精神で伝えてください。**

そこで、相手の顔がハッとしたら手応えがあった証拠です。さらに、「こういう場合はどうですか?」と質問されたら、また惜しみなく教えます。

最後に、退席の時間が迫った残り5分くらいになったら、必ずこの一言を。

「僕が何かお役に立てそうなことはありますか？」

仕事として受ける気がある、という姿勢をハッキリ示すのです（もちろん、相手が一緒に仕事をしたいと思える人であることは前提条件です）。

とはいえ、相手も正式な仕事の依頼としては、その場で即答できないことがほとんどです。

それでも、それも織り込み済みとして、「お役に立ちたい」と伝えることが大事なのです。

翌日かもしれませんし、1年後かもしれません。

「あのときおっしゃってくださったこと、正式なお仕事としてご相談したいのですが」と連絡が来たら、具体的に話を進めていきましょう。

**このアプローチの良さは、空中戦の段階ですでに僕の考えに共感してくれている方が、お客さんになってくれるということ。**

自然と、僕自身の強みや持ち味を活かした提案がしやすくなるので、非常に関係性も良好に進むケースが多くなります。

そして、この空中戦を心置きなく続けるためにも、第6章で紹介した「公明正大」は鉄則であるというわけです。

### 良いお客さんとつながる方法

#### ① 空中戦：SNSで情報発信

Twitter　note　facebook

毎日発信を続ける

↓

#### ② 地上戦：直接相手と会う

○○は本当は
××です
お役に立てる
ことはありますか？
なるほど！

- 情報は出し惜しみなく伝える
- 最後に仕事を受ける姿勢を示す

## Q3 宣伝でSNSを効果的に使う方法は？

## A 複業家は全員、Twitterとnoteを始めよう！

誰でも複業を始めやすくなった背景には、SNSの浸透という環境の恩恵がありまです。

でも、SNSと一口に言っても、FacebookやTwitter、Instagramやnoteなどいろいろあるので、「何を活用したらいい？」と迷う人も多いようです。

**その中で、僕自身が「これをやらずして複業ライフは成り立たない」くらいのPRツールとしてフル活用しているのは、Twitterとnoteです。**

理由は、Twitterで情報を届けることのできるコミュニティの人たちの価値観やスタ

つながる人の属性はSNSで異なる

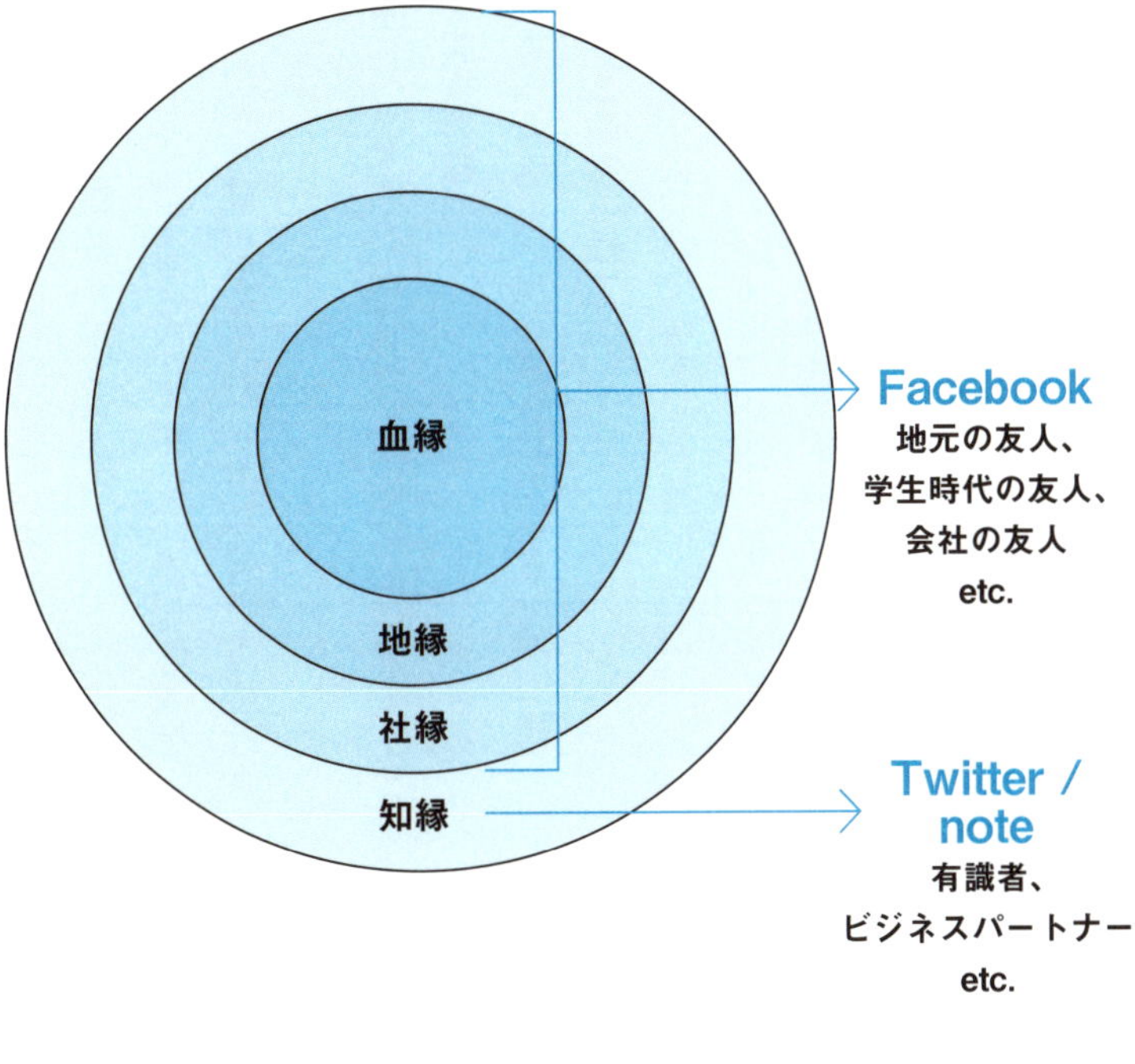

ンスが、非常に複業にも合うということ。そして、そのTwitterと連携して長文を書きたいときに役立つのがnoteだからです。

Facebookの利用者もとても多いですし、僕も好きでよく利用しているのですが、複業のPRにより向くのはTwitterだと感じています。

僕は、コミュニティを同心円状に4段階に分けて考えています。

①血縁（家族、親族の縁）
②地縁（生まれ育った土地、現在暮らしている土地の縁）
③社縁（働いている職場の縁）
④知縁（興味・関心・価値観でつながる縁）

このうち、Facebookがカバーしているのは、1から3まで、つまり「血縁・地縁・社縁」が中心です。4の要素もありますが、メインにはならない程度でしょう。

## 価値観でつながる「知縁」に対し、情報発信する

そもそも、Facebookは、もともと知っている人、あるいは対面での出会いをきっかか

けにした友達申請からコミュニティが広がるツールなので、中には「腐れ縁」のつながりも交じってきます。

なので、時々起こるのが、保守的な知人・友人によるマウンティングです。

「なんか最近、変わっちゃったね」

「学生時代より意識高くなったんじゃない？」とブレーキをかけてくる人が現れる。

このような、他人が前向きに変わることを許せない人からの攻撃に、心が折れてしまった人を僕は何人も知っています。

**それに対し、Twitterは価値観でつながり、拡散していく④の「知縁」がメインとなるコミュニケーションツールです。**Facebookと違い匿名での利用も可能です。

だから、発言した本人の属性よりも、発言の内容そのものの面白さや独自性でどんどん拡散していきます。

このような、知縁＝ナレッジネットワークができるのもTwitterならではの特徴です。

だから、自分が興味があること、これから挑戦したいことを発信するのにピッタリなので、複業との相性も最適だと感じています。

**Twitterは1つの投稿につき140文字までという字数制限がありますが、だからこそ広くユーザーに届く利点があります。よりじっくりと長文で書きたいときはnoteで。**

noteは、Twitterとの連携もしやすく、記事によっては課金をすることも自由に選べるので、「このネタはいくらくらいの価値があるのか？」と市場リサーチするのにも役立ちます。

## 複業にはTwitterとnoteがオススメ

**Twitter**

- 価値観でつながり、拡散していく
- 興味や挑戦したいことの発信にピッタリ

**note**

- 長文で書くことができ、Twitterと連携しやすい
- 課金設定できるので市場リサーチも可能

## Q4 自分の仕事に対する値段はどうつければいい？

# A 言い値からスタート、需要が上回ったら徐々に値上げを

あらかじめ給料が決まっている会社員と違って、複業家にとっての悩みどころとなるのが〝値付け〟です。

自分の仕事に値段をつけるって、とても難しいものです。

僕が考え方として提案したいのは、複業家における値付けの法則は3つのフェーズに分かれるということ。

**①「〝貯信〟重視で、無償でもやる」**

**②「相手の言い値で、安くてもやる」**

③「需要が増えてきたら値上げする」

という3段階です。

## 第1段階
## “貯信”重視で、無償でもやる

複業を始めたばかりのフェーズでは、まずは自分の仕事の提供価値がどのくらい世間に受け入れられるのかを検証する。あるいは、価値があることを実証するための経験を積むことを重視してください。

つまり、市場リサーチをしながら信頼を貯める時期だと割り切って、無償に近い報酬でも受けるのが第1段階です。

**「複業準備中なので期間限定で無償でもやります！」と公言してもいいでしょう。**

ポイントは「準備中なので」「期間限定で」と伝えること。

この一言があれば、後から同じ仕事に値段がついたとしても文句は出ません。

## 第2段階
# 相手の言い値で、安くてもやる

無償フェーズで経験を積み、「これは売れそうだな。だんだんと信頼も貯まってきたな」と感じられたら、値段を付けることを決めましょう。

いくらで設定するか？という判断は、相手に聞いてしまっていいと思います。ストレートに、「この仕事、いくらだったら買いますか？」と聞いてみてください。

**よほど安過ぎない限りはその値段で受けるという姿勢で、「どういう属性やニーズを持つ人が、いくらで買ってくれるか」というリサーチを重ねましょう。**

ただし、不当に搾取されないために、最低限の価格設定はしておいてもいいかもしれません。一つの基準例として、居住する都道府県の最低賃金を調べて、もらえる報酬を時給換算した金額と照らし合わせてみるというのも手です。

例えば、現在の東京都の最低賃金は985円ですので、作業時間として3時間かかる複業ならば「985円×3時間＝2955円」。

「最低でも3000円を上回ればOK」と念頭に置いたうえで金額交渉を始めれば、

先方の言い値に対して即断即決もしやすくなるのではないでしょうか。

とはいえ、これもケースバイケースで、案件によっては「安いけれど、経験のためにぜひ受けたい」と意気込む仕事も出てくると思います。

そのときはもちろん受ければいいですし、その選択の自由があるのも複業ならではの良さだと思ってください。

## 第3段階 需要が増えてきたら値上げする

相手の言い値から脱するタイミング。この見極めはとても重要です。

**一つの考え方として、僕が提案したいのは「複業に費やせる時間に対し、需要の件数が上回ってきた時」です。**例えば、1週間の中で複業に費やせる時間が10時間だとすると、3時間の案件が週に3つくらいまでは無理なくこなせます。

これが4つ以上になると、供給できるペースよりも需要が上回ってきたということ。

ここで、市場の需給バランスでいうと、価格が上がるフェーズへと切り替わっていきます。こちらから少々強気の値段を提示してよい時期に入ったと判断してOK。

これまで受けていた言い値の金額の平均値の倍の値段でまず提示してみる。それでもし「高い」と渋られたら1・5倍で……というふうに微調整してみる。

あまり無理なお願いに対しては、〝断る勇気〟も必要です。

**断る時には、相手に対する感謝と尊重の気持ちをまず伝え、次につながる提案も添えるようにしましょう。**

「数ある選択肢の中から僕を選んでいただき、ありがとうございます」という感謝。「業界を代表する御社のような素晴らしい企業から、しかも、その中で注目の事業を牽引されている○○さんからお声掛けいただき、とても光栄でした」とリスペクトも伝える。

そのうえで、「今回はどうしても日程が合わずにお受けできず申し訳ございませんが、来月以降でしたら優先してお受けさせていただきます。あるいは、今回の案件ABCのうち、Aの部分だけでしたら来週納品することも可能です」といった〝I can〟の提案、「できること」を添える。

たとえそのときはお断りの返事しかできなかったとしても、お互いの信頼関係がよりよくなることを目指してください。

## 自分の仕事に対する値段のつけ方

**① 無償でやる**

→ 市場リサーチ・信頼を貯める

⇩

**② 相手の言い値でやる**

→ どういうニーズがあるか、いくらくらいが適切か調べる

⇩

**③ 値上げする**

→ 需要が複業に費やせる時間を上回ったら、それまでの倍の金額から交渉する

## Q5 複業が忙しくて時間が足りない！生産性アップのコツは？

# A 「ECRS」のフレームワークを使おう！

順調に複業ライフが進んで忙しくなるのは嬉しい悲鳴。でも、何らかの手を打たなければ、オーバーワークとなって破綻してしまいますよね。

そこで、まず試していただきたいのが、業務効率改善の手法として用いられる「ECRS（イクルス）」のフレームワークです。

僕は、クラシコム代表の青木耕平さんがメディアでこの方法を紹介しているのを読んで深く腹落ちし、すぐに導入しました。

## 生産性アップのコツは「ECRS」

| | |
|---|---|
| Eliminate | 取り除く |
| Combine | つなげる |
| Rearrange | 組み替える |
| Simplify | シンプルにする |

複業に限らず本業でも、「ちょっと仕事量が増えてきちゃったな」という時に役立つ、生産性アップの考え方としておすすめです。まず、「ＥＣＲＳ」について説明します。

**E＝Eliminate（取り除く）**

＝無駄な業務を洗い出して、削減・省略する。

例：活用しきれていない議事録はやめる。

**C＝Combine（つなげる）**

＝まとめてできることを同時に行う。

例：同じ作業フローでできる資料作成をまとめてやる。

**R＝Rearrange（組み替える）**

＝作業の順番を入れ替える。優先順位をつける。

例：プレゼン資料の作成に取りかかる前に、ドラフト（草案）の段階でクライアントと共有して、方向性をすり合わせる。

## S = Simplify（シンプルにする）

＝細かなテクニックやツールを利用して、仕事全体の効率化をさらに見直す。
例：辞書登録機能をフル活用して、メールなどの文章作成の作業を短縮する。

重要なのはとりかかる〝順番〟で、「E→C→R→S」というステップでやるのがポイントです。

ありがちな失敗は、「仕事の作業時間をとにかく短くしよう」といきなり「S＝Simplify」から始めてしまうこと。

そもそもやること自体が無駄かもしれない資料作成の入力時間を一生懸命短縮しても、かえって無駄な時間になりますよね。

まずは業務全体のダイエット、さらに優先順位や手順の効率化をしてから、細かなツール活用を取り入れるほうが得策です。

## 生産性アップの基本は「辞書登録機能」の活用から

そのツールとして、とても基本的ながらやはり効果が高いと感じているのは、スマホでのメール・メッセージ送信で大活躍する「辞書登録機能」です。

**よく使う定例文を1、2文字程度の入力だけで呼び出せるように登録しておけば、連絡業務に割く時間と手間が大幅に短縮されます。**

片手のスマホ入力でも負担が激減するので、複業家には必須のノウハウです。

例えば、こんなふうに。

「お」↓「お世話になっております。HARESの西村創一朗です。」
「よ」↓「よろしくお願いします！」
「や」↓「やりましょう！！」
「か」↓「確認しました。」
「おり」↓「折り返しお願いします。」

他にも、僕はこんな定例文も登録しています。

はじめ→https://note.mu/soutaros/n/n4958e784b199（自己紹介記事のURL）

えす→s.n@hares.jp

ゆに→HARES UNIVERSITY

生産性アップのベストルートは人それぞれ。

自分にとっての最適な業務効率化を見つけていくプロセスも、前向きに楽しみながら、トライ&エラーを繰り返してみてください。

## Q6 複業はどのような形態でやるのが望ましいか？

# A オンラインかオフラインか、最適なやり方を考える

複業はオンラインでやるか、それともオフラインでやるかで、大きく二つに分けることができます。

例えば僕の場合、片道1時間半、往復3時間の電車通勤を使った複業を考えました。すると必然的にスマホでできることに限られます。そこで、オンラインで完結するブログを書くことにしたのです。

**一方、会社が副業ＯＫじゃなかったり、そもそも自分をＳＮＳにさらけ出すこ**

**とに抵抗があるという方は、オンラインではなくオフラインで行う複業が望ましいと思います。**

ある方は、本業の大手携帯電話会社でネットワークエンジニアをやりながら、副業で趣味の日本酒を教える「日本酒講師」をやっています。毎週金曜日の夜に、日本酒が美味しい居酒屋で日本酒のレクチャーを行っているのです。

日本酒のように、味や匂い、そして透明度など五感も重要になってくることに関しては、リアルの方が教えやすく、生徒の側も学びやすいでしょう。

他にも、オンラインでの発信より、人と対面で何かをするほうが得意という方は、ぜひオフラインでやってみてください。

あくまで、複業の形態は、ケースバイケース。100人いたら100通りの方法があり、これが「絶対いい」ということはありません。

自分の得意なこと、やりたいことに最適な複業の形態を考えてみてください。

## Q7 確定申告などの手続きはどうすればいいのか?

# A 便利なツールを活用し、青色申告も行いましょう

年間20万円以上の所得が発生した場合、確定申告をしなければなりません。これは、法律で義務づけられています。

ただし、この「所得」は「収入」とイコールではありません。所得は収入から支出を引いたお金のことです。そして、支出とは具体的に、「経費」です。

経費とは、複業でやっている事業を行うにあたり、かかった費用のことです。

例えば、複業でブログをやる場合は、ブログの運営にレンタルサーバー代やドメイン代が経費として発生します。

それ以外にも、ブログを更新するためのパソコン、マウス、カメラ、あるいはＩＣレコーダーなども経費に含まれます。

他に、打ち合わせや作業をするために入ったカフェの飲み物代など、基本的に「複業を行うために必要だ」といえるもの全てが経費としてカウントできるわけです。

年間の複業の収入から、これら経費を引いた金額、会社でいうところの利益が20万円を超えた場合は確定申告をする必要があります。

では、20万円を超えなければ確定申告はしなくていいか、とふつうは考えがちです。しかし、日本の税金にはからくりがあります。本業の会社から支払われる給与所得で天引きされている所得税は、基本的に多めに引かれているのです。つまり、確定申告しない人たちの分を補うために多めに徴収されているというわけです。

もちろん、税金対策は複業の本質的な目的ではありません。

**しかし、しっかりお金との付き合い方を学ぶという観点から、所得が20万円を超えていなかったとしても確定申告を行ってみるのがおすすめです。**

とくに、複業をはじめて間もないうちは、収入から経費を引いた所得がマイナスになるケースも当然あると思います。

儲けた金額よりも使った経費のほうが多い。この場合、税金の還付を受けられる可能性が非常に高いので、ぜひ確定申告をしてください。

さらに言うと、あらかじめ青色申告というものを税務署に提出をした上で確定申告をすると、控除される金額が増えるので、税金面でのメリットが大きくなります。

ただし、そもそも青色申告するには開業届を出しているということが前提になります。

開業届や確定申告のための書類手続きは非常に面倒です。

そこで、手続きをかんたんにする便利なツールをおすすめします。

まず、開業届を出す上での書類作成がサクッとWebでできるというツール。

「開業 freee」というものです。クラウド会計ソフトの freee が提供しているツールなのですが、これは操作もとても簡単なので、使ってみていただければと思います。

また、確定申告をするツールであるクラウド会計ソフトも色々あります。これらを使うのと使わないのでは、時間も手間も全然違ってきます。

「開業freee」と同じ会社が提供している、クラウド会計ソフト「freee」でもいいですし、マネーフォワードが提供している「MFクラウド」というサービスもオススメです。

**慣れないうちは面倒に思えるかもしれませんが、ツールを活用すれば思ったほど手間はかかりません。**

しっかり開業届を出し、青色申告を提出した上で、確定申告を毎年きちんとすると、手元に残るお金も多くなります。

ぜひ、やってみてください。

COLUMN 5

# 人生100年時代に身につけたい7つの資質とは

人生100年時代、働く期間が長くなるといわれるこれからの時代に向け、今の20代、30代はどんなスキルを身につけていくべきなのか。

2018年1月24日、〝キャリアのカリスマ〟として注目されている4人のスピーカーを招いて開催されたBusiness Insider Japan 主催イベントは立ち見が出るほどの大盛況に。生き残る人材になるために知っておきたいアドバイスが満載の当日の内容から、ハイライトをレポートする。

冒頭では、人生100年時代のキャリア設計が従来とはまったく異なるものになることを、それぞれの立場から説明。

今から7年ほど前、政府に向けて「40歳定年制」を提案して世を驚かせた東京大学教授・柳川範之さんは、その意図について「重要なのは、個人がキャリアの途中地点

でスキルをアップデートできる機会を持つこと」と強調。企業の寿命よりも個人が働く期間のほうが長くなる今後、より自律的にキャリアを見直せる仕組みづくりや姿勢が問われているという。

経済産業省の伊藤禎則さんも「同じ属性の組織の中でスキルを磨けばよかった〝たこつぼ型〟の人材育成教育から、異なる属性の人たちが交じり合って刺激を交換できる環境へ。その変化を促進させることが、イノベーションの条件にもなるはず」と話した。

転職市場の現場を知るmorich代表の森本千賀子さんは「将来のために、どんな組織に身を置くべきかと迷う20代、30代からの相談も増えている」と言う。

現在35歳で、パナソニック社員でありながら、組織をまたいだ交流活動にも打ち込む濱松誠さんは、「大手企業も『このままではいけない』と気づいているし、特に若手社員は危機感を持って行動を始めている」と語った。

では、実際にどんな意識、行動を身につけていくべきなのか。４人の議論から見えてきた7つのキーワードとは。

## 1　想像力

「40歳定年制を提唱した当時は、『そうはいっても、なかなか変わらないだろう』と思っていたが、実際にははるかに大きな潮流が生まれている。兼業・複業についてこれほど積極的な議論がされるようになるとも想像していなかった。つまり、世の中は劇的に変わる。今の20代、30代の皆さんがやがて迎える40代、50代の働く姿は、今の上司のそれとはまったく違うものになっていると思ってください。その時にどんな姿で働き、何をしていたいか。膨らませられる想像力の大きさが、そのまま皆さんを変える力になるはず」（柳川さん）

## 2　居場所を変えてみる

「これから必須となるのは、どんな環境でも柔軟に活躍できる対応力。選択肢を広げるためには、〝居場所を変える〟チャンスを積極的につかんでほしい。会社を変える転職までいかずとも、社内での異動でも十分。子会社への出向、M＆Aした会社への転籍措置などは、ハードに感じるかもしれませんが、難易度の高い環境こそ自分を鍛えるチャンス。実際、転職相談に来られたクライアントに『まずは社内で可能なキャリアチェンジを探って』とすすめることはよくあります」（森本さん）

## 3　プロフェッショナルを目指す

「〝一社一生〟の雇用前提が崩れつつある今、個人の能力開発は会社任せにできなくなっている。自分自身をプロフェッショナルとして磨いていくために、どんな経験や知識が必要なのか、自分で責任を持ってアクションを起こしていく意識が必要。これからのキャリア開発は、ハシゴ型といわれるキャリアラダーやサイコロを振って駒を進め「上がり」を目指す形ではなく、〝ポケモンGO型〟が主流になるのでは。自分

の意思でさまざまなステージを選び取り、スキルや人脈といったポケモン＝持ち札をゲットしていく」（伊藤さん）

「プロフェッショナルな能力とは、一つの企業にだけ通用するものでは意味がない。他社でも通用する汎用性の高い能力を身につけてほしい」（柳川さん）

## 4 マルチタスクプレイヤーを目指す

「専門性の高いプロフェッショナル分野を、1つだけでなく2つ、3つと持っている人材への需要が高まっている。例えば、『ずっと経理畑』よりも『はじめは営業、その後に経理に行って、途中で地方勤務を数年、今は経営企画をやっています』という人のほうが今は引きがある。兼業・複業、社会活動などでのパラレルキャリアで複眼的センスを持つことも強みに」（森本さん）

## 5 仕事の〝斜め展開〟で独学する

「新たなスキルを磨こうとする時、おすすめしたいのが今の仕事の周辺からスキルの幅を広げていく〝斜め展開〟方式。日頃一緒に仕事をしている他職種から技術を学ぶのが早い。さらに、そのスキルを使って将来何がしたいのか、具体的にイメージしてみる。イメージするだけでも始めるべきアクションが見えてくるので、自律的なキャリア開発の第一歩になる」（柳川さん）

## 6 社外の仲間と出会える場に行ってみる

「いきなり複業のような思い切った行動はできないという人は、社内で禁止されていない軽いアクションをやればよし。交流会やイベントなど、社外の人と会える場やサークル活動に参加してみるといい。ただし、単に参加するだけでは意味がなく、『意見交換できそうな仲間をつくる』『参加した感想とともに企画提案を上司にしてみる』という行動を取ることが大事」（濱松さん）

「価値観の異なる人たちと出会えるサードプレイスを持つことは、キャリアの選択肢を広げてくれる。１週間のうち会話した社外の人が５人に満たない場合はイエローカード。より積極的な社外交流を」（森本さん）

「社外の知人・友人４、５人で〝バーチャルカンパニー〟をつくってみる。この仲間ならどんな会社ができそうか、実際に会社を起こさなくても話してみるだけで、客観的なスキルの棚卸しができる。1人ではなくグループで評価し合うと、お互いの強みや伸びしろを発見しやすい」（柳川さん）

## 7 〝花粉の運び手〟になる

「企業にとっても、中で働く人がどんどん外に出て多様な経験・スキルを身につけることはメリット。イノベーションで著名なIDEOのトム・ケリー氏が企業変革を担う重要な人材として挙げているのが〝花粉の運び手〟。つまり、異なる組織を行き来して、受粉、すなわち最適な資産のマッチングをする人材。社外活動や学びの経験によって、どんな花粉を運べるかを意識することで、個人のスキルアップが企業のイノベーションにつながっていく」（伊藤さん）

**東京大学大学院経済学研究科・経済学部教授　柳川範之**

1963年生まれ、経済学博士。専門分野は金融契約、法と経済学。父親の海外赴任をきっかけに〝中卒〟のまま独学生活を送り、通信教育課程で慶應義塾大学を卒業。〝独学で東大教授になった〟という異色のキャリアの持ち主。2013年に「40歳定年制」を提唱し、注目を集める。

**経済産業省商務情報政策局総務課長　伊藤禎則**

1994年、経済産業省入省。米コロンビア大学ロースクール修士、ニューヨーク州弁護士資格取得。日米貿易摩擦交渉、エネルギー政策などを担当。筑波大学客員教授、大臣秘書官、産業人材政策室参事官を経て、2018年より現職。経済産業省内で「柔軟な働き方に関する3研究会」（2016年10月〜17年3月）や「人材力研究会」（2017年10月〜18年3月）を主導するなど、働き方改革と人づくり革命の〝官の旗振り役〟として知られる。

**オールラウンダーエージェント、morich代表　森本千賀子**

1993年にリクルート人材センター（現リクルートキャリア）に入社し、2010年より経営層のキャリア支援に特化したリクルートエグゼクティブエージェントに所属。これまで約2000人の転職に携わる。2017年3月に会社設立。会社員との兼業期間を経て、同年9月に独立。パラレルキャリア（兼業・複業）を自ら実践しながら、キャリアの市場価値を高める手法として発信中。2児の母。

**パナソニック社員、ONE JAPAN 共同発起人・代表　濱松誠**

1982年生まれ。2006年パナソニックに入社し、北米向けテレビのマーケティングを担当した後、インド事業推進室へ。2012年、社内公募に手を挙げ、「転職するくらいの気持ちで」人事へ異動。グループ内の若手社員交流会「One Panasonic」の発起人として活動を広げる。他社も巻き込んだ大手企業若手の交流会「ONE JAPAN」へと発展。2016年、パナソニックとして初となる資本関係のないベンチャー企業（パス）への出向。現在はIoT家電プロジェクトを担当。

※このコラムはウェブメディア「Business Insider Japan」に2018年3月に掲載された対談を再編集したものです。ゲストの所属、コメントなどは取材時の内容をもとにしています。
ライター・エディター：宮本恵理子、写真：今村拓馬

# おわりに

『複業の教科書』いかがでしたでしょうか。

本書をご一読いただいた方には、きっと副業は単なる「お小遣い稼ぎ」の手段ではなく、「自分の人生を取り戻す」ための一歩であることを、理解していただけたのではないでしょうか。

本書は文字通り、複業に興味関心を持ち、複業によって仕事もプライベートも充実させたいと考えている人のためのテキストブックです。

・複業によってどんなメリットが得られるのか
・複業はどんなステップ・プロセスで始めたらいいのか

・複業を始める、続けるにあたって気をつけないといけないことは何か

など、HowToを中心にまとめています。

ですが、複業はあくまで人生の「選択肢」であり、「手段」にすぎません。

人によっては、複業をせずに、本業に100%フルコミットするべきかもしれません。もしくは、恋愛や子育てなど、複業以外のプライベートの時間を大切にした方が良い人もいるでしょう。

僕自身は、1日24時間、1年365日という、誰もが平等に持っている「時間」という資産を、何にどれだけ投資するかによって、人生の幸福度は決まると思っています。

そして、自分の人生を、自分ではコントロールできない誰かにゆだねるのではなく、自分自身の意思でコントロールできるように、自分自身がドライバーとなって、しっ

かりハンドルを握って、自分が進む道を選び続けることが、人生の幸福度を上げるうえで最も大切なことだと思っています。

仕事やキャリアだけが、人生のすべてではありません。仕事やキャリアすらも、自分の人生の目的を達成するための手段にすぎないのです。

生活に必要なお金を稼ぐための、手段。そして、自分の命を使って実現したいこと、つまり「自分の使命」を全うするための手段。それが仕事なのです。

これまでの日本の働き方は、長時間労働・副業禁止など、勤め先に身も心も捧げざるを得ないシステムになっていて、自分の人生を会社に預けることが一般的でした。だから、多くの人にとって「仕事は誰かに任されるものであって、自分自身が決めることではない」とどこか他人事でした。

ところが、これからは違います。

そう遠くない未来に、「副業解禁」があらゆる業界・業種で進み、「副業禁止」の企業は少数になってゆくことでしょう。

「副業解禁時代」においては、仕事は「誰かに与えられるもの」ではなく「自ら創るもの」に変わります。

複業は、誰かに命じられて「やらされるもの」ではなく、自ら考え、自らの内発的動機に基づいて、「やりたくてやるもの」です。

「自分が本当にやりたいことって、なんだろう？」
「自分が個人として、誰かの役に立てることって、なんだろう？」
ということを考え抜くことから、複業はスタートします。

複業を続け、試行錯誤を繰り返しているうちに、自分自身が「本当にやりたいこと」（使命）が、少しずつ見えてくるようになります。

例えば、僕の使命（ミッション）はこうです。

「二兎を追って二兎を得られる世の中を創る」
「2030年までに、日本のエンゲージメントを世界トップ5まで引き上げる」

この使命を果たすために、日々の仕事に取り組むことができているので、心から仕事を楽しめていますし、辛いことや厳しいことがあっても、前向きな気持ちで乗り越えていくことができています。

そして、僕自信がこの「使命」と出会えたのは、複業のおかげです。もちろん、ブログメディアを始めた2013年当時から見えていたわけではありません。複業を通じて、本業では得られない知識や経験が得られ、自分の価値観と共鳴・共感できる人との出会いが得られて、複業でチャレンジする仕事の幅が少しずつ広がっていく中で、地層のように少しずつ、少しずつ輪郭が見えてきたのです。

繰り返しますが、複業はあくまで手段であり、ツールです。複業をすれば、誰もが幸せになれるような「魔法の杖」でありません。

それでも、複業は自分自身の「使命」を見つけ、「天職」に出会うための、最善の方法だと思っています。

“Do What You Love”
“Be the founder of your life”

これは、出張先の中国・上海にあるWeWorkに掲げられていた価値観です。

『複業の教科書』が、読者のみなさんが複業について考え、実践することを通じて、みなさんが「自分の人生のファウンダー」となって、仕事も人生も充実させる一助になっていただけたら、筆者としてこれ以上の幸せはありません。

最後に、『複業の教科書』の出版という夢を実現してくださったディスカヴァー・トゥエンティワン社の干場弓子社長、千葉正幸さん、編集者として企画段階から最後の校正まで伴走してくださった林拓馬さん、執筆協力者として、僕の拙い言葉を磨き上げてくださった宮本恵理子さんには心から感謝の念をお伝えしたいです。

また、本書のコラムにもいくつか挿入されていますが、複業をテーマにした連載企画を快く受け入れてくださったBusiness Insider Japan編集長の浜田敬子さん、編集者の滝川麻衣子さんのおかげで、『複業の教科書』の企画がグッと具体的になりました。

そして、いま僕がこうして『複業の教科書』の筆を取れているのも、当時はまだ世の中的には複業に対して後ろ向きだったなか、僕の勤務先であるリクルートキャリアは複業に対して寛容で、多くの方が応援してくださったおかげで、心置きなく複業にチャレンジすることができたからです。特に、当時の上司・同僚には頭が上がりません。

本書の企画・執筆の過程で、複業家が集うコミュニティ「HARES COMMUNITY」のメンバーや、Makuakeでのクラウドファンディングプロジェクトで支援してくださった200人以上の方をはじめ、多くの方からアドバイスやフィードバックをいただくことで、自信をもって世に送り出せる作品に仕上げることができました。

最後に、自由奔放な僕を、高校生の頃から13年以上にわたってパートナーとして支え続けてきてくれた妻と、長男・恭一、次男・蓮司、長女・梓の三人の子どもたちに本書を捧げて、筆を置きたいと思います。20年後、子どもたちが大人になってからも読み継がれる「キャリアのバイブル」になりますように。

平成三十年十一月吉日

西村創一朗

# あなたは
# どんな複業をする?

自由にご記入のうえ、TwitterまたはInstagramに

**#複業の教科書**

をつけて投稿してください!

著者・西村創一朗(@souta6954)と担当編集・林拓馬(@hayashi_tkm)が

できるだけリツイートします!

付録

# 複業する人にオススメのツール72選

| no | サービス名 | カテゴリ | コメント |
|---|---|---|---|
| 1 | note | **アウトプット** | 誰でも簡単に文章、写真、イラスト、音楽、映像などの作品を投稿できるサービス。無料公開だけでなく、有料販売も可能。共同マガジン機能もあるので、雑誌を作る感覚で仲間同士で楽しく更新し合うこともできる。 |
| 2 | YouTube | **アウトプット** | YouTuberで有名な、動画配信プラットフォーム。動画の投稿はもちろんのこと、音声のみのラジオ投稿のほか、最近ではバーチャルなアバターを使って配信するVTuberも話題に。 |
| 3 | Twitter | **アウトプット** | 140文字で文章・写真・動画などを投稿できるSNS。役に立つ情報を発信し続けることで、コツコツ信頼を貯め、フォロワーを増やすことができる。アウトプット系の複業をする上では必須ツール。 |
| 4 | NewsPicks | **インプット&アウトプット** | ニュースや記事に対してコメントできるアプリ。インプットに役立つだけでなく、自分自身もコメントしてみることでアウトプットの訓練にもなる。 |
| 5 | Zoom | **オンライン会議** | 最も高音質・高画質なオンライン会議ツール。画面共有ができるほか、同時接続50人まで、連続して40分間までなら無料で使える。 |
| 6 | appear.in | **オンライン会議** | アプリケーションのダウンロードが不要のWebブラウザ上で使える無料のオンライン会議ツール。同時接続4人まで。 |

| no | サービス名 | カテゴリ | コメント |
|---|---|---|---|
| 7 | 開業freee | **サポートツール** | いよいよ「稼ぐ」フェーズになったら、開業届の提出！　面倒な書類作成手続きがカンタンにできる必携ツールです。 |
| 8 | Freelance Basics | **サポートツール** | 複業フリーランサーの悩みのタネとなる契約書のチェックなどのサポート機能が受けられる「フリーランスのための会社機能提供ツール」です。 |
| 9 | クラウドサイン | **サポートツール** | 面倒な契約書締結作業をオンラインで完結できるツール。月10件までなら無料で使えるので、複業フリーランスには最適。 |
| 10 | Google ドライブ | **データ管理** | クラウドベースでデータを管理する上での必須ツール。スプレッドシート、ドキュメント、スライドなどのツールと連携できるのが◎。 |
| 11 | Canva | **デザイン** | デザインスキルがなくとも、デザイン性の高い画像を作成できるツールです。イベントなどのアイキャッチ画像を作成する上で役立ちます。 |
| 12 | ムームードメイン | **ドメイン取得サービス** | オリジナルのドメイン(URL)を取得したいならこれ。 |
| 13 | Slack | **ビジネスチャットツール** | 無料でも使えるビジネスチャットツール。チーム・トピックごとにチャンネルを複数作成して、プロジェクトを進めることができる。他のITツールとの連携機能も豊富。 |
| 14 | WordPress | **ブログツール** | 本格的にブログを作成したいならこちら。 |

| no | サービス名 | カテゴリ | コメント |
|---|---|---|---|
| 15 | Todoist | **マネジメントツール** | 本業／複業／プライベートタスクを問わず、やるべきことを忘れないようにきちんと管理しておきましょう。PCでもスマホアプリでもサクサク管理できるTodoistはオススメツールです。 |
| 16 | Trello | **マネジメントツール** | 複業でのプロジェクトチームのタスクマネジメントに使えるツール。カンバン方式ですべてのタスクと現在のステータスや役割分担が一元化できる便利ツールです。 |
| 17 | Toggl | **マネジメントツール** | どんな作業にどのくらいの時間を費やしているか？　自分の仕事の生産性を測り、管理できるタイムマネジメントツールです。 |
| 18 | Evernote | **メモ** | ふと思いついたことや、セミナーや読書での気付きなど、あらゆることをメモりまくるのも、複業家にとっては大切な習慣。メモはすべて「第二の脳」とも言えるEvernoteにまるごと保存しておき、いつでも引っ張り出せるようにしておきましょう。 |
| 19 | FastEver | **メモ** | Evernoteへのメモを最速で行えるアプリ。必携です。 |
| 20 | ロリポップ | **レンタルサーバー** | ブログやWebサービスを作るうえで必要なサーバーを安くレンタルできる。 |
| 21 | misoca | **請求書作成** | 誰でも簡単に使える、使いやすい請求書作成ツールです。 |
| 22 | Eight | **名刺管理アプリ** | Sansanが提供している無料で使える名刺管理アプリ。「あの人の名刺、どこ行った？」から解放されます。 |

| no | サービス名 | カテゴリ |
|---|---|---|
| 36 | SAGOJO | クラウドソーシング(営業) |
| 37 | Saleshub | クラウドソーシング(営業) |
| 38 | kakutoku | クラウドソーシング(家事代行) |
| 39 | ANYTIMES | クラウドソーシング(工事・修理) |
| 40 | ツクリンク | クラウドソーシング(広告) |
| 41 | ドラフト | クラウドソーシング(写真 |
| 42 | Snapmart | クラウドソーシング(声優) |
| 43 | Voip! | クラウドソーシング(総合) |
| 44 | Lancers | クラウドソーシング(総合) |
| 45 | クラウドワークス | クラウドソーシング(動画) |
| 46 | Viibar | クラウドソーシング(縫製) |
| 47 | nutte | クラウドソーシング(翻訳) |

| no | サービス名 | カテゴリ |
|---|---|---|
| 23 | Instagram | アウトプット |
| 24 | Amazonアソシエイト | アフィリエイト |
| 25 | A8.net | アフィリエイト |
| 26 | バリューコマース | アフィリエイト |
| 27 | アクセストレード | アフィリエイト |
| 28 | Rentracks | アフィリエイト |
| 29 | Googleフォーム | アンケート作成ツール |
| 30 | Peatix | イベント作成・管理サービス |
| 31 | Skets | クラウドソーシング(アイデア) |
| 32 | MUGENUP | クラウドソーシング(イラスト) |
| 33 | 99designs | クラウドソーシング(デザイン) |
| 34 | サグーワークス | クラウドソーシング(ライティング) |
| 35 | ポチタマライター | クラウドソーシング(ライティング×犬猫 |

| no | サービス名 | カテゴリ |
|---|---|---|
| 60 | BASE | ネットショップ(総合) |
| 61 | Chatwork | ビジネスチャットツール |
| 62 | メルカリ | フリマアプリ |
| 63 | ラクマ | フリマアプリ |
| 64 | Retty | レビューサイト(グルメ) |
| 65 | 食べログ | レビューサイト(グルメ) |
| 66 | bukupe | レビューサイト(本の要約) |
| 67 | Station | ワークステーション |
| 68 | flamingo | 英会話 |
| 69 | Paymo biz | 決済サービス |
| 70 | SCOUTER | 転職支援 |
| 71 | YOUTRUST | 複業SNS |
| 72 | bosyu | 募集・告知ツール |

| no | サービス名 | カテゴリ |
|---|---|---|
| 48 | Conyac | クラウドソーシング(ライティング×犬猫) |
| 49 | REMEMBER | クラウドモデルエージェンシー |
| 50 | SPACE MARKET | シェアリング(イベントスペース |
| 51 | SHOP COUNTER | シェアリング(ギャラリー) |
| 52 | Spacee | シェアリング(会議室) |
| 53 | Anyca | シェアリング(車) |
| 54 | KIDSLINE | シッター |
| 55 | ストアカ | スキルシェア |
| 56 | ココナラ | スキルシェア |
| 57 | ビザスク | スポットコンサルティング |
| 58 | Uber EATS | デリバリー |
| 59 | minne | ネットショップ(ハンドメイド) |

他にも、複業に役立つ情報を
Twitter：@souta6954　note：note.mu/soutaros
で発信しています!

# 『複業の教科書』サポーターズのみなさま

森 恵／西島悠蔵／5時こーじ／荒井俊一／梅田哲矢／NEWSよろしくね！／岡井 敏／西村正英
仁藤智美／北村勇気／建部久美／おさ（長内孝平）／豊西孝栄／高見唯樹／匿名希望／田中 駆／右田雄介
高橋麻美／藤崎 梢／KAZUMI.S／明日梨／白鳥さゆり／永田知靖／mumerin／工藤稔久
おめでとうございます!!応援しています!!／尾関太一／牧内 恵一朗／Ryo Nagai／樺澤芽依／楢崎数馬
おおつか やすこ／加藤みおり／岩井純一／白亜 史琉々／タスケンダー広報部／榮田佳織／中村義之
たなかひさえ／野々市谷周／デ・スーザ リッキー／磯村幸太／匿名希望／管大輔／小林正弥
ランサーズ 秋好陽介／M.HIDENORI／島田彩子／細川寛将／ロッシー／メカ節子／片付け部長 大村信夫
雀部明日香／匿名希望／川島康寛／山田達也／千葉憲子／マリノ五木田梨絵／遠藤千尋／牧野雄太
金井塚 悠生／古堅 愛／なかやま ともたか／山田 聖／桂川 誠／光井大祐／emole 澤村直道／九鬼豊広
萬徳貴久／藤生朋子／近藤なつ美／木村智浩／匿名希望／匿名希望／あっきーな／向 佐登司／岡本宗之
宇尾野彰大／桂大介／佐藤慶一／時任啓佑／田中雄一朗／淺田百合／匿名希望／中里祐次／山田邦明
ファザーリング・ジャパン中国 藤原健司／吉村美音／チャーリー／田鍋圭助／喜田光昭／長野浩二
立正大学 斉藤広樹／細野真悟／株式会社シューマツワーカー／井上祐生／komadaira／押田絵梨香
Megumi kawamura／川村 結里子／清水陽子／ユキガオ／匿名希望／平田麻莉／藤田正好／山崎俊彦

人生もお金もひとつの会社にゆだねている人に
取り返しがつかなくなる前に読んでほしい
複業の教科書

発行日　2018年12月15日　第1刷
　　　　2019年1月23日　第2刷

| | |
|---|---|
| Author | 西村創一朗 |
| Book Designer | 杉山健太郎 |
| Illustrator | 小林祐司（本文図版） |
| Photographer | 矢野拓実（オビ写真）　竹井俊晴（コラム1～3）　今村拓馬（コラム5） |
| Special Thanks | 中山大祐 |
| Publication | 株式会社ディスカヴァー・トゥエンティワン<br>〒102-0093　東京都千代田区平河町2-16-1 平河町森タワー 11F<br>TEL　03-3237-8321（代表）<br>FAX　03-3237-8323<br>http://www.d21.co.jp |
| Publisher | 干場弓子 |
| Editor | 千葉正幸　林拓馬<br>編集協力：宮本恵理子<br>記事提供：Business Insider Japan |
| Marketing Group Staff | 小田孝文　井筒浩　千葉潤子　飯田智樹　佐藤昌幸　谷口奈緒美　古矢薫<br>蛯原昇　安永智洋　鍋田匠伴　榊原僚　佐竹祐哉　廣内悠理　梅本翔太<br>田中姫菜　橋本莉奈　川島理　庄司知世　谷中卓　小木曽礼丈　越野志絵良<br>佐々木玲奈　高橋雛乃 |
| Productive Group Staff | 藤田浩芳　原典宏　林秀樹　三谷祐一　大山聡子　大竹朝子<br>堀部直人　塔下太朗　松石悠　木下智尋　渡辺基志 |
| Digital Group Staff | 清水達也　松原史与志　中澤泰宏　西川なつか　伊東佑真<br>牧野類　倉田華　伊藤光太郎　高良彰子　佐藤淳基 |
| Global & Public Relations Group Staff | 郭迪　田中亜紀　杉田彰子　奥田千晶　連苑如　施華琴 |
| Operations & Accounting Group Staff | 山中麻吏　小関勝則　小田木もも　池田望　福永友紀 |
| Assistant Staff | 俵敬子　町田加奈子　丸山香織　井澤徳子　藤井多穂子　藤井かおり<br>葛目美枝子　伊藤香　鈴木洋子　石橋佐知子　伊藤由美　畑野衣見<br>井上竜之介　斎藤悠人　宮崎陽子　並木楓　三角真穂 |
| Proofreader | 文字工房燦光 |
| DTP | 株式会社RUHIA |
| Printing | 大日本印刷株式会社 |



ISBN978-4-7993-2396-0

ご支援ありがとうございました！

前村菜緒／三谷宏治／麻生要一／鶴 征二／モトキカズヨシ／大冨智弘／山田敏夫／久保なつ美
衣料センターかすや／新保雄介／行元 沙弥／税理士法人らくよう綜合研究所／エンファクトリー
河野英太郎／田口弦矢／寒川英里／森本 愛／成瀬拓也／森本千賀子／久津佑介／道廣敬典／伊藤羊一
大浦征也／福島あずさ／田中美咲／小田桐 正治／澤 円／武井梨名／三石原士／保坂有真／加来幸樹
川口達也／鈴木仁志／小杉 卓／臼杵優／内藤礼志／高橋伸幸／よしおかひろたか／安昌浩
書籍楽しみにしています！応援！／匿名希望／三木 佳世子／林 正弥／田村 聖／横井寿史／澤見優子
島袋誠也／Nei-Kid 神谷 渉三／徳倉康之／飯塚 淳／匿名希望／岡田拓朗／伊藤 早紀／舛本潤平／匿名希望
宮本大輝／まさる／松木努／keshi_h／佐藤 創／伊藤真之 @ABLab／角田進二／青野慶久／高岡綾乃
篠田徹也／矢野香織／笹尾卓嗣／川島修三／劉 吉帥／嶋田 匠／長谷川 貴久／仲 元樹／星野正太
曽山哲人／前川／匿名希望／宮本 佳祐／unite&Co. 角田行紀／村山寛／平野 謙／高祖常子／手塚将之
高橋秀誓／高橋純平／河田 豊／ワタリユウタ／金剛英行／藤原 誠司／橋本祐造／小松恭之／高尾美江
三田村 忠仁／小谷真己／高橋 翼／まいやだいすけ／新井大貴／トヨキチ／仲正 礼／横濱竜也
五十嵐 康伸／佐藤綾己／櫻井優也／鈴木英太／渡邉慎平／松尾 明／小金井 宣宏／小林冬馬／島崎由真
Sakashi／前田 塁／日比大輔／匿名希望／川元浩嗣／永吉貴志／takumiYANO／美田惇平
荒井宏之（ピンキー）／三原菜央／稲田遼太